WO ZAI QINGDAOERZHONG DENGNI

我在青岛二中等你

于世章　著

中国海洋大学出版社

·青岛·

图书在版编目(CIP)数据

我在青岛二中等你 / 于世章著. —青岛:中国海
洋大学出版社,2021.6

ISBN 978-7-5670-2808-1

Ⅰ.①我… Ⅱ.①于… Ⅲ.①青岛第二中学—概况
Ⅳ.①G639.285.23

中国版本图书馆 CIP 数据核字(2021)第 073979 号

出版发行	中国海洋大学出版社				
社　　址	青岛市香港东路 23 号		**邮政编码**	266071	
出 版 人	杨立敏				
网　　址	http://pub.ouc.edu.cn				
电子信箱	cbsebs@ouc.edu.cn				
订购电话	0532—82032573(传真)				
责任编辑	孙宇菲		**电　　话**	0532—85902469	
印　　制	青岛泰兴印刷有限公司				
版　　次	2021 年 6 月第 1 版				
印　　次	2021 年 6 月第 1 次印刷				
成品尺寸	170 mm×230 mm				
印　　张	12				
字　　数	201 千				
印　　数	1～5500				
定　　价	60.00 元				

发现印装质量问题,请致电 0532—83812887,由印刷厂负责调换。

序

　　之所以定书名为《我在青岛二中等你》，就是想让人们深度认识走在教育前沿、具有引领与导向、富有现代气息的青岛二中（以下简称二中），了解二中的办学理念、教育方略、育人策略、选拔方式，从各个角度解读二中师生的学习生活，剖析二中教育如何为学生的终身发展奠基。

　　"二中"这篇文章，在几代人的笔下，在青岛市，在山东省，在全国，都已成为力作。

　　作为学校领头人的孙先亮校长，总能在学校发展的每一个重要关口，做出与时代呼应的响亮回答。

　　应该说"二中"这篇文章的今日篇没有辜负时代，没有辜负国家。

　　二中人心中有时代，眼中有世界。所以说二中有太多值得记录的教育故事。如干部队伍既是学校发展的引领者，也是学校各项工作的服务者。二中的吸引力团队（MT）管理，成了高一新生入校后必须要做的一次选择。二中除了各种选修课外，诸多社团也是拓展素质的阵地。二中真能做到多元和包容、自由与独立吗？每天一节体育课能起到锻炼身体的作用吗？学生们喜欢这样的课程设置吗？二中的民主意识很强，许多的规章制度是由学生议事会讨论完成并颁布实施。二中鼓励学生自主管理、自主创新、自主发展，但没有忽略教育的根本——立德树人。二中不加班加点，因为教育者知道，学习不是一个学生的全部。各科竞赛成绩斐然，强基计划在全省领先，各类创新为学生们考取理想的大学搭建平台，被著名高校录取是二中学子们给母校的惊喜。一切的一切，想必大家都想了解，那就阅读这本书吧。

不是我在二中等你，也不是二中在等你，更不是二中的老师们在等你，而是机遇在等你。对有志向报考二中的学子们来说，机遇肯定有，关键是如何才能"求"到手，拜托别人是枉然，只有自己大步走。

如果你水平够能力足，通过这本书的阅读，坚定了报考二中的信心，那就从现在开始，咬定青山不放松，朝着目标迈进，一句话，干就完了。如果你能力也有水平还行，但在学校选择上犹豫不决瞻前顾后，到头来恐怕是捶胸顿足遗憾一生。

本书没有高深的理论，笔者也缺乏这种格局，写的都是身边的小事情，通过不起眼的点点滴滴，揭示"传说"中的二中，真实的二中，让人们充满期待的二中。书中观点恐有偏颇，请读者批评指正。

本书得到丁晓然老师、赵斌老师、李晓林老师、王愉扬同学及其他同学的摄影与绘画支持，有的不知原作者故未标注，在此一并表示感谢。

于世章

2021 年 3 月

目 录

引言　在青岛读高中为什么要选青岛二中？

在青岛读初中，中考时的志愿选择，首先是青岛二中（以下简称二中），前提是成绩足够优秀。为什么会这样呢？也许下面的故事能给出解答。"北师大做了一项特别有意思的调查：清华北大的大学生，小学和中学是否来自名校？这个调查持续了半年，结果出来了：很多清北的学生，小学和初中都籍籍无名，但是高中，毫无例外都出自名校。其实小学和初中是否是名校，对以后的成才影响可能没有我们想象的那么大，但是高中非常重要。"

还有人说："想起了我读大学的时候，同学都来自五湖四海，所以经常会问同学家是哪里的，只要说出他的籍贯，我们几乎每次都能猜中他来自哪个中学。所以说初中生，一定要把中考考好，读个好高中，非常非常有必要。"为什么会这样呢？

首先来说同学资源。常言说近朱者赤，在二中读书，你的周围聚集着许多学霸，他们来自受过良好教育熏陶的各个家庭，入微的个人习惯，良好的学习方式，踏实的行事作风，缜密的学习计划，远大的奋斗目标，加上较高的情商与智商，让你耳濡目染，自然地受到熏陶。这就像一滴水融入大海，只有"随波逐流"奋勇向前。不要忘记，裹挟你前进的是同龄人中最优秀的部分，你要和他们在一起待上整整三年，不可能不受到影响。在这样的平台上，你的谈吐，你的观念，你的为人，你生活中的方方面面都会和他们一样，眼界高、心胸阔、处事稳、有观点、有目标，甚至最后的高考成绩都会差不多少。总之一句话，和一群佼佼者在一起，境界会在不知不觉中提升。

再说教师队伍。二中聚集着一群敬业干事的优秀教师，他们专业精、水准高,在行业内是领头雁排头兵,精湛的教育教学水平深受同行敬重。他们的自我定位准确,善于学习,对高考方向拿捏得较准,会安排教学,不压榨学生时间,对学生管理张弛有度。最难能可贵的是,整个教师团队创新意识较强,永不满足现状,这大概是团队旺盛生命力的保证。

这个队伍不仅教育教学有一套,还在专业发展上不放松,几乎所有老师都有学术论文发表,专著出版者已超过两位数,这是老师自己教学经验的总结,也是因材施教后,教学方法的汇总提炼升华。

在二中,无论是新入职教师,还是老教师,对教育教学都抱有同样的热忱。大家深知,二中就是一棵大树,在大树下乘凉的同时,每个人都该想着为大树做点什么。正如《二中赋》中所说:"以教师优势发展为根,全神贯注精品育人之理想,探寻明德格物之方略,游刃素质教育之妙,传承人格健全之要,殚精竭虑为英才奠基。"

三说管理理念。《二中赋》中说:"诞于山海间,汲仁智之精华;立于天地中,汇九州之神韵。承载炎黄文明之博大精深,创造华夏复兴之盛世仁杰。"二中提出了自己的办学理念:"造就终身发展之生命主体",这不是一句口号,而是实实在在的一种践行,一种不懈的追求。"以学生终身发展为本,上下求索教育规律之真谛,领略自主发展之精髓,铸牢全面发展之基,力倡个性发展之风,主动发展为生命添翼。"二中是这么倡导的,也是这么做的。所有的管理理念,课改的实施,素质教育的践行,学生的自主选择,都在努力做一件事,为学生的未来奠基,使学生成为独立且完整的人。

四说环境育人。环境是影响人的重要因素之一,二中有什么样的环境呢?硬件设施自不必说,但就校园设计、校园绿化、校园文化,说二中是旅游景点也不为过。二中的软环境如何呢?这么说吧,就算教你的老师不是顶尖的,起码通过老师有机会接触到行业高手。《二中赋》中说:"以学校特色发展为道,倾力构筑生命蓬勃之环境,让生活润泽生命之品位,让个性涵养成功之气质,让智慧塑造卓越之底蕴。

　　为了每个生命的尊严与博雅，唯愿穷尽才智以穷尽天理；为了中华民族的繁荣与富强，唯愿超越自我以超越时代。"

　　所以说，在青岛考二中，既能享受到优质资源的眷顾，还能体会到一种优秀的传递。你有什么理由不努力一把呢？

二中远景

第一章

绿色生态篇

之所以写绿色生态，就是想记录一下二中的路，二中的树，二中的水，二中的山，二中的广场，二中的钟楼，二中的教学辅助设施，二中的运动场馆，二中校园的春意盎然、夏花绚烂、秋叶静美、冬雪莹纯，这些都是构成二中的元素，是二中学子们一生都忘不掉的记忆。

⛵ 1.1　你欣赏过静思湖(无之海)的美景吗?

偌大一个校园，有一湖碧水点缀，会增加许多灵性，二中校园内就有这样的美景。二中 1999 年东迁，人工湖正式蓄水。湖水有两个来源，一是山上的泉水，常年流淌进湖;二是季节性雨水补充。湖的两边可以进水，一边有铁篦子挡起出口，水满自溢，周而复始。就这样，一湖碧水，滋养着湖中的生物，鸭游鱼欢，小荷尖尖。

湖的周边硬化，桐油浸过的松木做成的护栏曲曲折折，形如廊道，安全美观，行走其间，曲径通幽，心旷神怡。考虑到休闲、读书、交流，湖边建有长椅。周围平地种上了草，离湖近点的栽上了垂柳，稍远点的栽有果树、樱花树，还有一些叫不上名字的树种。春季，一派绿意盎然，草青柳绿。从这时到秋末，这里不仅是摄影爱好者的基地，也是个人到此一游的首选。

湖的名气越来越大，没有个像样的名字，好像对不住这一湖碧水。学校提议，大家想辙，不知哪位有才气的老师或学生，给湖起名静思湖，竟然深入人心。自此来静思湖赏景的人更觉不虚此行。

很有文化范的名字，还需再点缀一番，于是，湖上架起了一座造型别致的拱形小桥，行走其间，让人颇有些小桥流水人家、江南水乡的感觉。为烘托重大节庆活动氛围，湖中建了喷泉，乐声响起，喷泉随音乐起舞，造型各异，此景让人开怀、让人称奇。

爱美者在校园中留影，静思湖虽不是首选地，却也是备选之一，各学科组室成员合影也多选于此。

孙子3岁半时，我带他去湖边，偶遇岸上小憩的几只鸭子。可能是"欢迎仪式"太过热烈，或是食物不足的缘故，鸭子围住孩子呱呱地叫个不停。在城里出生的孩子，哪见过这阵仗，吓得哇哇大哭，扭头就跑。孩子在前，鸭子在后，一字排开，场面甚是搞笑。为扭转局面，我劝小孙子把食物扔给鸭子。这一下，"警报"解除，鸭子目的达到，不再追着小孙子，呱嗒着嘴吃起食物来，小孙子看着鸭子进食的搞怪动作，破涕为笑，嘴里说着"我是不怕鸭子的"，可眼泪却隐瞒不住童真。本想带小孙子在湖边游玩，结果闹出鸭子追要美食的轻喜剧，这也是难忘的美景之一啊！

拱桥上，鸭子晒太阳、摆造型乐哉优哉，遇有好心情，还会表演一番，从岸上或桥面纵身跃下，直接没入水中，一点都不含糊，那身段那造型都是流线型的。为把桥面完全变成"私家领地"，鸭子还不停地留下标记，雨季时鸭粪还能被冲刷掉，其他季节只好靠鸭子自觉了。

后来，静思湖改名无之海。校园内，南有慈龟山，北有无之海，遥相呼应，显二中胸怀博大。校长说，该想法源自《道德经》。"原来'天道'中有'有之以为利，无之以为用'的规则。老子讲的是'无'和'有'的相互关系问题。'无'和'有'并无矛盾，他们相互依存而统一。"难道起名无之海，就是希望从无到有，海纳百川，二中风云变幻中能容天下事？难道校长治校要上一个新台阶——无为而治？一介教书人，安能达到校长之境界，就此打住，不再枉猜。

今年教高三，搬到专用楼里，办公室在五楼，窗外即是无之海。初冬，累了远眺，景色尽揽。远远望去，风起波动浮萍舞，还是一片生机。希望无之海有容乃大，虚怀若谷，经风沐雨中，仍保持特色与韧性。

无之海（赵斌 摄影）

无之海（丁晓然 摄影）

无之海（丁晓然 摄影）

无之海（丁晓然 摄影）

无之海（丁晓然 摄影）

1.2　你吃过二中的银杏吗?

二中东迁后,道路两边和空闲地广植银杏树,经过20多年的生长,都亭亭玉立、枝繁叶茂。学校环道北侧、行政楼西侧、教学楼南侧、学生宿舍周边、食堂周边、慈龟山和篮球场的接合部等,都不乏银杏树的身影,尤其是学生食堂前面那一大片,蔚为壮观。

春天满眼绿色,整个夏季都郁郁葱葱,枝叶繁茂。一进入秋季,银杏叶慢慢变成金黄色,叶落满地,煞是好看。

从深秋开始,成熟的银杏不断掉落,饭后散步的老师们,三三两两一起捡拾,既有乐趣,又增进了友谊。特别是在树下捡拾时,有风突来,银杏下雨般落下,砸在老师的头上、身上,没有人躲避,只听笑声响起,捡拾继续。掉在坡道上的银杏，顺势如小球般滚落，执着的人紧随其后，快步紧追，弯腰捡拾的那一刻，只享快乐早忘了"老腰"。该娱乐项目可持续至小雪节气，饭后在银杏树下遛一遛，成了大家紧张工作之余的休闲活动之一。

数学研发室的王作杭老师，对银杏的吃法颇有研究，他将收集到的银杏清洗加工，煮熟后分给大家，并不时提醒，吃银杏要适量，每日几粒，不能多食，否则会有不良反应。经他加工后提供的熟果，足够整个办公室人员享用很久。制作干净的银杏，就放在他的办公桌边，任何时间只要愿意，都可以品尝。砸银杏硬壳的专用工具十分考究，不是锤子，更非砖头，而是上档次的"艺术品"，一件鲤鱼跃龙门的玻璃雕件。怎么样，奢侈吧？

办公室内最年轻的美食达人闫超老师，还不时给大家普及银杏的药用价值，说银杏"益肺气、治咳喘、止带虫、缩小便、护血管、增加血容量，具有良好的医用效果和食疗作用"。银杏的食用方法多种多样，食用时把银杏的外壳和外皮去掉，并清洗干净。一般来说，银杏是作为配料入菜，可以煮粥、生炒、炖汤、做糕点等馅料。

小雪节气就要到了，可能是土壤或光照的原因，多数银杏已落，个别还待成熟。银杏叶千差万别，有些树周围落叶遍地满是金黄，有些树上的叶子绿中泛黄，和枝条难舍最后一离，有些树上仅剩枝条摇曳，已进入过冬的前夜。四季轮替，周而复始，叶落了还有新叶期待，果熟了静待果生时分，先来个约定，待来年还在银杏树下漫步。

银杏果（丁晓然 摄影）

银杏树（丁晓然 摄影）

1.3   你知道二中有过桑茶吗?

二中山上有块地,特意辟出一块种桑树(实际上是桑树苗)。山上猪场提供的有机肥,使土地肥沃,桑树茂盛。

课余饭后,去山上走走,既可放松也可悦目。一片桑树,枝壮叶肥,桑叶展开,充满整个空间,甚至看不到土地,这应该是蚕宝宝的最爱。

但学校没有蚕宝宝可养,后勤人员就地取材将桑叶采下,聘请专业人士加工,制成了色香味俱佳的桑茶,供大家品尝。数量有限,大家只好分着喝。

桑叶历来享有美誉,《本草纲目》中记载:"桑箕星之精神也,蝉食之称文章,人食之老翁为小童。""桑,东方之神木也。止消渴。"

桑叶还能"疏散风热、清肺润燥、清肝明目"。日本人称桑叶茶为长寿茶。1993 年国家卫生部确认的"药食同源"植物——桑叶富含人体 17 种氨基酸、粗蛋白、粗脂肪,被国际食品卫生组织列入"人类 21 世纪十大保健食品之一",成为人类绿色新食品源。

突然想起《桑叶赞》:

> 一木三又谓之桑,因音遭忌而遗忘。
>
> 孕育蚕丝成绸缎,中华民族添华章。
>
> 天生丽质不自赏,食果饮叶寿又康。
>
> 本草纲目称神奇,润吾身心沁人爽。

现在,喝桑茶已非易事。猪场已被上级部门要求关闭,有机肥也就没了基地。学校建新楼,工人需住宿场地,只好委屈桑树地,铲车进去,桑树哭泣,工棚建起。几年过去,高楼耸立,工房仍占地,恢复原面貌,不知到何期,茶香只留记忆。

1.4　你在咖啡吧(别称咖啡阁)留下过身影吗?

二中咖啡吧,一个特殊的存在。始建于 2011 年,由教学楼和行政楼四楼连接处的过道改建而成,有长廊有大厅。长廊里的桌椅靠窗摆放简洁有序,在此落座,既能沉思也能望远。大厅四周的落地窗帘颜色与咖啡相吻合,座椅有长条形的、圆形的、固定的、移动的不一而足,一个原则,方便上门的"主",为每一位消费者提供温馨、人性化的场所。类似这样的建设,出现在高中学校实不多见。

课余时间,老师一个人或邀三五好友,咖啡吧围坐,沏一壶茶或端上一杯热腾腾的咖啡,或交流或探讨或一个人静思备课,或抱上一摞作业,一边品着咖啡的苦,一边尝着教学的难。

导师和学生的个别谈话,有时也会选择这里。虽然类似的谈话,是喝不了咖啡的,但这里的安静环境却对问题解决、矛盾化解起到一定的作用。

外来参观学习者,也愿意到咖啡吧打卡。喝不喝咖啡是次要的,体味一下,了却一个新奇的愿望,期望类似场所出现在自己学校。几乎所有的参观者,都是感慨一番,趁着参观学习后的热乎劲,回去后滔滔不绝地宣讲一番,时间一长,激情渐消,然后一切归于平静。

学生是咖啡吧的主角。从建设之初的"我们需要参与进去,需要一个民主的、公开的辩论、投票过程;我们有权根据自己的需要来建设自己的校园,我觉得这样才能更好地促进学校发展"的呼喊,到"不喝咖啡就不让学生进去上自习"的愤愤不平,到现在的自由出入,咖啡吧成了各学生组织开会、商议、交流的主要场所之一。

学生在此可一人静静地上自习、做作业、预习新课,也可多人围坐,点上咖啡深入探讨。"就是愿意去咖啡吧上自习,没有干扰,可以沉静在自己的世界里,那儿连空气都弥漫着书香气息。不仅默读愉悦,连做作业解难题也会灵光频现,精力集中、获益多多。当然,这需要格调、需要境界,格调不高境界不到者,很难有此体会。"

一个让大家心心念念的场所,在自觉和不自觉中都会落座其中,一缕茶香也好,一杯咖啡也罢,不在乎时间,只在乎情调。

近期工作有些忙,待闲暇时,定会去咖啡吧,一个人,一本书,点上一杯新磨的咖啡,闻着一缕清香,做到品中去读,读中去品,享一把惬意,悟一番人生。

咖啡吧

1.5 二中山上的樱桃好吃吗?

二中依山而建,教学区和生活区相对集中,占地面积不大,给植树留下了空间。成规模连片栽植的松树、银杏、梧桐、樱花(含单双樱)、柿子、山楂等树种,经过 20 来年的生长都枝繁叶茂。说二中是花园式学校绝对实至名归,说是一旅游景点也不为过。

校园内的慈龟山,除顶部外,植被良好,山不高,树种层次分明,山脚下栽有樱桃树,已到盛果期,每年都果满枝头。果熟期,引得人们驻足观赏品尝。

慈龟山与地理园接壤地带及山的北面,有几颗樱桃树中的极品,有人说是大樱桃,有人说是樱珠,大都个大味美,熟时红得发紫。由于数量少得可怜,偶尔摘到成熟的果子,不舍得一口吞咽,先拿在手里观赏,再到办公室展示一番,然后找个显眼的位置"供起来",一连多天,早上到岗都会先向樱桃"问安",不到迫不得已,谁好意思尝尝酸甜。

东面山上也有成片的樱桃树,由于树种没有经过改良、嫁接,加上管理不甚到位,只有少数几棵樱桃好吃,多数果实酸涩,只能观赏,任其果熟果落。近几年因学校建设,挤占了樱桃树的生长空间,其生长前景堪忧。

校园内的樱桃成熟期是每年的5月下旬,自这时开始,爱散步不爱散步的人们,都会在课余饭后,到樱桃树周围转转、看看,一为休闲,二为交流,最后才为品尝。

"樱桃的铁含量很高,是所有水果之最,常吃樱桃不仅可以防止缺铁性贫血,还可以增强人的免疫力,促进血红细胞再生,素有'美容果'之称。而且它还富含多种维生素,孕妇宝宝都可以吃,可以说是老少皆宜。"难怪人们趋之若鹜,即使今天去过了,明天还会在同一地点与樱桃树会面。

有歌唱得好,樱桃好吃树难栽,幸福不会从天来。果甜如蜜,生长不易,有秋的叶落,有冬的孕育。

果期远去,希望仍在,期待来年再见。

樱珠（丁晓然 摄影）

樱桃（丁晓然 摄影）

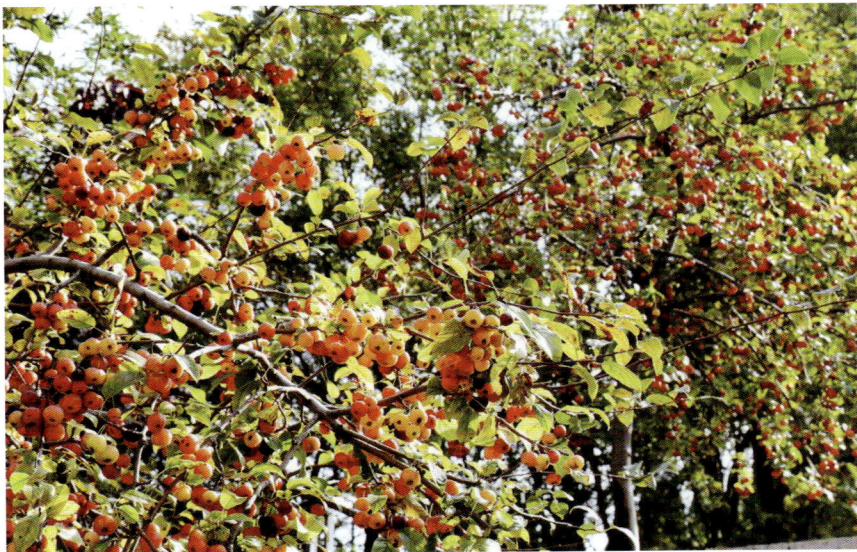

果实累累（丁晓然 摄影）

1.6　你知道二中的三元广场吗？

　　三元广场原称中心广场，一直使用多年，虽已改名，有时还用旧称。改名原因不甚明了，不知是原名不够雅致，还是想打造意义更深刻的广场文化，总之，名字改了。

　　有时在想三元的含义是什么？难道是一元太单一，二元不丰富，三元含万物的意思？若如此，就与《道德经》中"道生一，一生二，二生三，三生万物"意思相近。道教中，三元指"宇宙生成的本原和道教经典产生的源流"。这样看来，名字起得颇有寓意。

　　广场原是水泥方砖铺地，因时间久远、车行得较多，损毁严重。后拨款维修，换成大理石方砖地面。为美观起见，青色大理石方砖由黑色条石分隔，显得大气庄重。一下雨就积水的顽疾，也因下水道的建设而解决。经整修后的广场,平整、美观、大气、上档次。管理也强化了不少,入口有挡车桩,不经允许车已难入,地面破损减少了,加上保洁做得到位,广场给人感觉赏心悦目。

说是广场,其实不大,就算不在高处,也能尽收眼底。南面一排整齐挺拔的水杉,直立挺拔,树梢已于行政楼四楼平齐。西面有一块不大的竹林,茁壮茂密。紧靠竹林的是艺术长廊,夏日给人辟出一块阴凉。北面一块块的水泥高台,把无之海和三元广场一分为二,不大的高台用来升旗,有时也兼做表演的舞台。东面是看台,能容纳一个年级的学生。

广场位处教学区核心地段,位置极佳,视野开阔,四周入口多,人员聚散方便,所以学校的重要活动一般在此举行。每周一的升旗仪式、国庆相关活动、高三的毕业典礼、各种大型活动推介、高一部分班级军训、各种大集等均选在此处。一名学生这样说:

高一入校不久,三元广场举办了隆重的社团推介大集,由于社团较多,大家按序设摊,场面很是壮观,师兄师姐们卖力地推介自己社团的特色、发展前景,活动时间、活动频率、社会影响,进入社团的好处,不遗余力地鼓动新生加入自己的社团。由于各社团同时纳新,竞争比较激烈,热门社团比较抢手,还没等多数人反应过来,就额满撤摊闭门谢客了。由于没有类似经历,遇到这种场面,竟然一时无措起来。不知道该选择什么,请教家长,爸妈也说不出个所以然。抱着对戏曲的喜爱,我鼓起勇气,报名加入了话剧社。

不入不知道,进来吓一跳,话剧社的能人太多了。他们表演起来与角色很契合,和他们比我差距太大了,虽有出场机会,但表演起来生硬很多。为较快扭转局面,尽快融入这个大家庭,我从最基本的不背台、不笑场、台步怎么走开始练习,同时加强戏曲知识学习,提升艺术素养。在表演细节上虚心向别人请教,现在看来心血没有白费。一没有拉下课程,二有了舞台表演经验,三增进了交流加强了沟通,性格更开朗了。我给我的选择点赞。

三元广场（赵斌 摄影）

竹林（丁晓然 摄影）

三元广场（丁晓然 摄影）

1.7　你知道二中的钟楼吗？

　　我家孩子还在初二时，中招宣传季，我们一家三口走进二中。中心广场（三元广场）一字排开的招生宣传"铺面"前，人头攒动、热闹非凡。因不为升学而来，我的心态轻松了很多，关注点也广泛了许多。

　　无之海与三元广场之间有一高大建筑，给我留下深刻印象，它就是钟楼。作为二中校园内的标志性建筑，它建在无之海南岸，南与三元广场毗邻，东靠图书馆，西与艺术楼相望。站在高处，可见钟楼和远处的金家岭山遥相呼应，颇有些惺惺相惜之感。

　　记得一家人去西安旅游，领略过西安钟楼的雄伟壮观。今在二中校园内看到仿欧式钟楼，让人倍觉亲切。

钟楼底座由青色崂山石砌成，美观牢固，一楼门开南面，其他三面各有三个窗户，透光良好，视野开阔，靠近升旗台，内部空间宽敞。据了解，该房间平时做音响播放用，每周一的升旗及重大节庆活动，都有它的身影。一楼顶设有观光平台环绕钟楼，闲来走走有如沐春风的感觉。

钟楼的正门在二楼，开在正南面，门前的长廊穿过行政楼与教学楼连廊拱门，一直向前，与登慈龟山的台阶相连，站在门口远望，给人一种登临泰山南天门的敞亮感觉。

二楼外墙用大理石贴面，东西两面分别镌刻"泽润桃李"和"道法自然"八个鎏金大字，寓意明确，由86届校友在二中建校91周年之际创作。

整个钟楼高耸雄伟，黄色外墙给人以富贵的感觉，塔的中间有一截镂空，内置楼梯清晰可见，塔顶的琉璃瓦在阳光下熠熠生辉。

高处四面置电子钟，远远就能望见秒针走动，其钟声悠扬，声传方圆。

古时候人们建钟楼，主要是报时用，将早晚击钟作为启闭坊门的信号，也会作为朝会时节制礼仪之用。

现在的钟楼，被赋予了新的含义。它的高大挺拔给人以坚强。悠扬的钟声，提醒人们时间在一分一秒中流失，一寸光阴一寸金。钟楼沉默，它却能告诉你有些东西可以错过，有些东西需要珍惜，有些东可以改变，有些东西需要坚持。

钟楼

钟楼（丁晓然 摄影）

1.8 你对二中的山水草木发出过感慨吗？

二中校园内的慈龟山，算不上巍峨，却别有风骨。静思湖年复一年宁静致远。日晷默默地测量着每时每刻的太阳光高度，无论人们关注与否，它没有一刻停下自己的工作。地理园如今没有了往日的朝气，曾经的教学模型已不复存在，满园的杂草野蛮生长，可能是偏居一隅，少有人打理，只有曲曲折折铺路用的有些斑驳的六边形透空水泥地砖，记录了昔日参观人流的熙熙攘攘。生态园的变化总是不断地调整着人们的视神经，因学校建设需要，园还在，生态已没有往日生机，何时恢复只能期待。满校园的银杏树，夏日清凉，秋日遍地金黄。独有的一级级台阶，不仅让人体会攀登的艰辛，更给人立下登高望远的信心。千呼万唤的科创大楼终于落成，相关实验室也在建设之中，据说有些已经完成招投标手续，只待揭开神秘面纱。樱花大道两边的樱花树，因科创大楼的建设而移栽他处，让人再难呼吸风儿送来的清香。

你关注过身边的一草一木吗？你对二中的山水草木发出过感慨吗？

我爱我家

午山宽厚的臂弯里

装满了近三千师生的欢笑

却装不下学子们要飞翔的梦

校园内算不上巍峨的慈龟山

独自经风历雨

一抹抹绿色显出昂扬生机

国旗下拳头紧握

敬教乐学育人报国
成了我们共同守护的灯塔

教学楼里琅琅的书声中
已绽开我们的希望之花
这就是我的校园我的家

我爱我家　因为
这里　有我的春华秋实
这里　有我的冬雪夏花

就算我是家的过客
家也永远是我心灵的港湾
毕竟在家我种上了梦想　早生了华发

这是我发自内心的感慨。

慈龟山（王愉扬 摄影）

樱花（丁晓然 摄影）

慈龟山（赵斌 摄影）

林荫大道（赵斌 摄影）

木栈道（丁晓然 摄影）

林荫大道（丁晓然 摄影）

慈龟山（丁晓然 摄影）

慈龟山

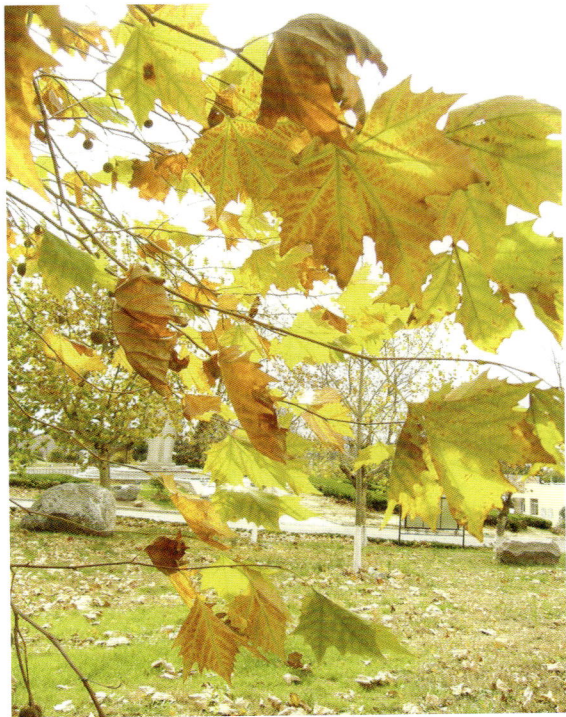

校园秋日（李晓林 摄影）

1.9　你在二中打过网球吗？

一名学生分享了他在二中打网球的经历：

喜欢运动的我，为了兑现自己向爸妈许下的诺言——凭实力考上二中，不得不暂时放下喜欢的体育运动，全力复习文化课冲刺中考。就是这一段时间的辛勤付出，我如愿考进了心仪的高中——青岛二中。

入校军训的第一天，路过网球场，见有人打网球，自此知道了二中教学楼南侧、篮球场的右下方，有两个标准的网球场，场地南面和东面由石壁砌成，另两面用专业绿网围挡，当时的印象仅此而已。

后来,喜欢运动的我,时不时地在网球场边观球。球员矫健的身影、熟练的球技,给我留下深刻印象。为和球员套近乎,在赏球的同时,我还主动帮球员捡球,这为日后讨教球技做了一些感情投入。

没有任何理由,我竟然想一试身手。一窍不通不要紧,可以学,没有装备,只好向家长求援。爸妈很支持,装备到手。从最基础的动作请教起,怎么握球拍、怎么发球、怎么接球,所有问题都在实践中慢慢解决。

场地有限,初学者只有场地空闲时才能进场练习,更多的时候,一个人、一面墙、一个球、一根橡皮绳,对着墙壁练习。练动作、练跑动、练击球的准确性,只要时间许可,学习之余就这么坚持着。

后来,技术有了进步,就想在场地一试身手。向专业球员请教吧,人家并不是十分乐意,毕竟技术水平不在一个量级上。和自己水平相当,又愿意打球,时间凑巧的球友哪儿去找呢?这时想到了网球社,申请被批准后,我积极参加社里定期组织的活动。伙伴多起来,选择的余地也就自如了许多。大家在这个社团里情同兄妹,彼此照顾、彼此借鉴,取长补短,应该说这个时期是我在二中最快乐的时光。

场地南面的石壁间留有不少拳头大的排水口,可能年久失修,个别排水口已堵死,变成了小鸟的"育儿所"。一日,诸多球友正在练球,有眼尖者指给大家:"快看,小鸟。"大家顺声望去,果然从"育儿所"探出一脑袋黄黄的,嘴扁扁的,头上的羽毛还没长满的幼鸟,煞是可爱。"可能是饿了,它在呼唤妈妈的到来。"社里有人提议,为不打搅小鸟一家的安宁,今天的练习到此结束,大家撤离时,请不要高声说话。同时提醒大家,不要近距离观看,不要告诉其他人,免得引来更多人围观。

进了网球社,有相对专业的学长制订计划,每周训练内容明确,训练节奏有序。这一时期,我的网球水平有了长足进步。进入大学后,打网球成了我的一项技艺。

多年过去了,留在网球社的点点滴滴仍记忆犹新。

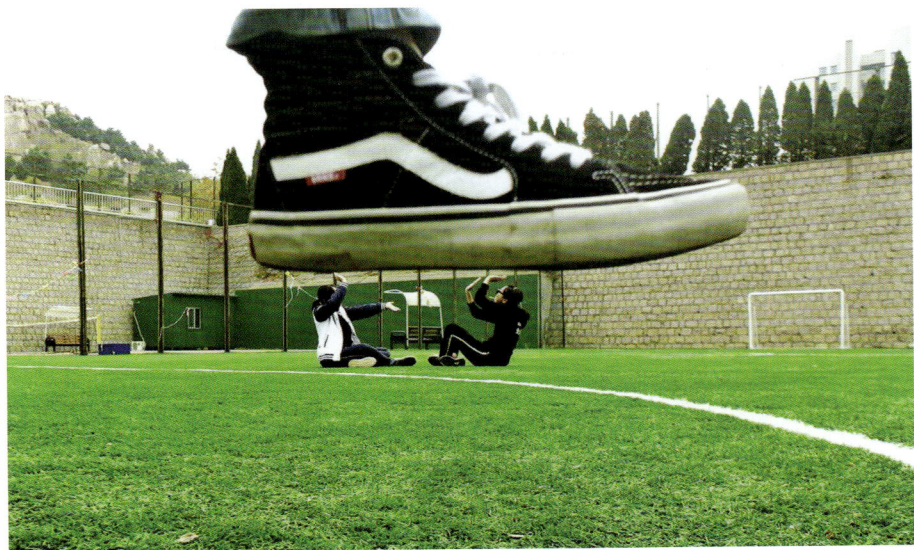

创意作品《巨人》(2018 经济 2 班徐颖、戚耀允 摄影)

1.10　你知道二中的养猪场吗?

说来你可能不信,二中校园曾经建过一个养猪场,最大规模时圈养了 100 多头猪。

建在半山坡上的二中校园,虽然平面面积不是很大,立体感却特强。相对平缓的区域集中建设教学区,山上还有不小的地块可用。处于东山南端的一个小山坳就派上了用场,一个规模不大还算得上现代化的养猪场应运而生。

建厂之初,考虑到绿色环保、能源循环利用问题,学校后勤在猪场旁边建设了一个规模不小的沼气池,出渣口专门设计在菜地的旁边。猪场产生的粪便,经管道输送到沼气池,发酵后产生的沼气,供山上人员照明取暖烧火用;沼气渣经加工后,可作为有机肥种菜使用,一个生态系统就这样运转了许多年。

多年循环下来,猪场规模虽没扩大,猪的伙伴却增加不少,鼎盛时期,有羊、兔、鸡、鸭,还有建在沼气池上面的"动物园"里的各色动物,记得有山鸡、孔雀。为保证安全,在猪场门口养了两只狗看家。

我出生在农村,自小和动物亲密接触,对这样一个场所格外关注,空闲时一个人或邀三五同事去猪场转转,看小猪仔们撒欢、大猪们悠闲、羊儿跳跃、兔儿食草,听山鸡偶鸣,赏孔雀开屏,仿佛逛动物园般开心悠闲。

猪饲料来源主要是食堂的剩菜剩饭,2000多人的一个单位,剩菜剩饭的数量是可观的,有了好的饮食,猪生长得圆润丰满。

年终,后勤会集中宰杀一批猪,食堂会有相应的菜品供应。放寒假前,还能分上10斤猪肉过年。那种欢乐的气氛,让大家早早地享受到年的味道。

随着形势发展,考虑到环境与安全,上级已不再允许猪场存在。地方闲置了,沼气池荒废了,菜地没了有机肥,土壤板结了不少,因猪场而生机盎然的土地也失去了往日的生机。

1.11 你知道二中的攀岩基地吗?

10年之前,靠近篮球场的一处岩壁,被学校规划建设成学生体育课和健身的好处所——攀岩基地,这是学校创新体育教育的又一举措。

原来,"攀岩是一项竞技运动项目,从登山运动中衍生出来,不但能舒缓人们紧张的身心,而且有助于人们养成自强自立、团结助人的优良品质。科学证明,攀岩运动不但可以强化四肢肌肉的耐力,增加手、脚、眼睛的协调能力及平衡感,身体也会因为攀岩的动作而增加柔软度,更可以对人的心理素质起到一个提升作用,是一项对人的身体、意志要求都比较严格的运动。做攀岩运动,需要强健的身体,坚韧不拔的意志以及一些必需的攀岩技巧。这项运动,可以收获快乐,也可以使身体更加强壮,意志更加坚强。"

有这么多的好处,难怪人们对攀岩趋之若鹜。记得攀岩基地建成之初,学生在教练指导下,身穿运动装,腰系安全绳,来完成"峭壁上的艺术体操",那场面、那动作、那身段都让人羡慕不已。作为体育课的一部分,有教练现场指导,胆大者不断尝试。

有几年中考招生,学校还专门辟出两个指标招收攀岩学生,因专业性太强,名额有时竟招不满。基地建设需要钱,按学校领导安排,有次和教师节来二中慰问的夏耕市长座谈,面对面的谈起攀岩基地的建设费用问题,夏市长问多少钱,回答完后,市长没有表态,经费也就没了下落。

令人欣喜的是,基地的启用出现了曙光。近日,"攀岩基地"四个红色大字重新安装到位,远远望去甚是显眼。山上,通往攀岩基地的道路也已修葺一新,基地的启用让人充满期待。

1.12 你知道二中的涌思泉吗?

教学楼南侧,有一个面积不足 30 平方米,三面临山,一面朝路,像一个"凹"字的小水坑,取名"涌思泉",寓意可能是希望二中学子思如泉涌,也可能是希望学生如泉水般涌出思想、涌出观点。如今已无从考证其命名的真实含义,就名字来说,足见它的珍贵。

珍贵之处还在于该泉四面用鹅卵石镶垒而成,显得奢侈。20 多年过去,三面直立的山壁早已爬满粗壮的藤蔓,泉南边的竹林和山坡上的树木错落分布,常年郁郁葱葱,由于竹林靠近山坡,既遮风又挡雨,这里成了鸟儿嬉戏的场所,水中鱼儿的安静与岸边竹林中鸟儿的欢闹形成鲜明对比,一闹一静中方显世界的多彩斑斓。

多年前,涌思泉中养有金鱼、黑头鱼等多个鱼种,大家经过旁边,都会驻足观赏。特别是吃完午饭或晚自习值班的老师,总会从食堂沿路下来,在涌思泉边相聚赏鱼,有时候还会从食堂带食物喂鱼。喂鱼时,只需用石头在泉边敲打,鱼儿就会排着队而来,饵料投入,鱼儿上下翻飞争抢食物,场面煞是欢快。

由于二中地处崂山脚下,依山势而建,校园建成之初,有几路山泉水常年流淌。教学楼前道路一侧路面常年湿漉漉的,那就是山泉水的杰作,这一路泉水,部分进了涌思泉,多数流失。另一路泉水流到静思湖,使其水汪湖清。办公楼旁也有一路泉水,顺着花坛溢出,整个夏天如雨水般流淌,冬天旁边的路面会结成薄薄的冰,经过此处的人们都会小心翼翼。慈龟山也有一路泉,经田径场边的山壁溢出,冬天壁上挂满冰凌。东边山上有一处泉眼,有老教师会拿塑料桶每天取水回家饮用。

20多年过去了,涌思泉还在,泉水却没了往日的丰盛,新建的高楼截断了泉路。不仅静思湖水得不到及时补充,连山上老师原来取水回家用的泉水池也无人靠近。好在涌思泉地势较低,慈龟山周围的地下水还能在池中溢出,勉强保持泉水不断。鱼儿早已没了踪影,涌思泉灵气没了。如何管理好涌思泉,考验着管理人员的智慧。我们期待着!

藤(丁晓然 摄影)

第二章

学习生活篇

常言说:"真正有大格局的人,知道自己需要什么,明白自己想要什么,会为了心中的目标而不停地奋斗。"可本人限于格局不够大,视野不够宽,观察事物的角度不够丰富,只能把学生丰富多彩的在校学习生活记录一二。

2.1　二中毕业生的悄悄话

有人说:"二八年华入校,开始筑梦心中,不管怎样就是爱这里";"从前只能仰望,如今其间徜徉,梦想照进现实,我却能拾阶而上。"

也有人说:"钟楼上钟的指针多年不走了,可我对二中那颗祝福的心时刻在跳动,静思湖水流动得慢了许多,我却能在品味中不断拨正追梦的方向。"

还有人说:"昨天,你是我的憧憬,今天你是我的舞台,明天,你是我记忆中最美的地方。"

还有人说:"三载寒暑,沐浴恩泽。未臻至善,但无一刻不曾勤恳努力,不敢有所懈怠。对我而言,'青岛二中'四个字不仅珍藏了无数珍贵的青春记忆,更是一种神圣的力量和指引,鞭策我将'造就终身发展之生命主体'铭记于心,将'领先一步,追求卓越'变成一种习惯,将'山海之间,仁智为德'内化成自觉的追求。无论我走到哪里,我都愿意骄傲地宣称我来自青岛二中,并为能享受这份属于二中人的荣耀而永怀感激。"

也有人说:"二中只是我们人生中的一站,二中能做的就是给予我们高中三年良好的教育和锻炼,然后放我们高飞,之后凡事种种都看自己的奋斗了。"

也有人说:"离开学校整整两年,在外面也一直很关注二中的变化和发展,每次跟人提起我是青岛二中毕业的都有点小小的自豪,我所知道的二中学长学姐学弟学妹们进入大学走进社会都是各行各业优秀的人才,更是我们的榜样。'造就终身发展之生命主体''敬教乐学育人报国'这两句话恐怕我要记一辈子了,同时还要在记忆里珍藏午山脚下的三年高中时光。好啦不矫情了,二中有多好,只有你经历了才知道。至于无端的指责嘛……"

"从二中走出来的学生,身上都带着浓浓的书香气息,就是放到人堆里,也能感知出来,那种'仙气'是难以伪装的。"

"能进二中的都是尖子生,但不是只会学习的书呆子。学校有 100 多个社团,大家高中三年文化、兴味并存,只为了迎接未来更加优秀的自己。"

"受到特殊的气质的熏陶,二中的同学成了独一无二的存在。大概源于此,二中的同学们,没有学霸之间的钩心斗角。"

"班里的同学从来不过分宣扬自己的成绩,也不会瞧不起别人,大家是因为共同的兴趣而来,每个人都守护着这个团体。"

"很荣幸也很骄傲,能让'青岛二中'这四个字,在我人生的履历中,熠熠生辉。"

2.2　二中学生学习刻苦吗?

还是来听听学生们的心声吧:

"没来二中之前,各种小道消息,加上媒体误导,留下一种印记,二中学生学习压力不大,作业很少,管得不严,活动挺多,自由度较大,太合我的心意了。从这时起,我就满怀喜悦地种下一个梦想——'考进二中'。"

"耳听为虚,眼见为实,这句话太有哲理了。好不容易考进二中,才发现原来的认知都是假的骗人的'fake news'。说二中学生没有作业,简直是笑话,从早到晚忙得团团转,也就勉强写完作业。说二中学生压力不大,这么告诉你吧,我中考成绩是历史最好,可在二中这个神仙聚集的地方,就显得十分'low'了。第一次数学考试,我竟然破了上学的历史记录——不及格。一个要强的人,一个虚荣心强的人,考这样一个烂成绩,有没有压力,用脚趾头想想都能知道答案。"

"怎么办呢？不能等不能靠，那就追吧。二中规定早晨 6:25 起床，我就 6 点起来，每天比别人多学习 25 分钟，血赚不亏。可到教室一看，有人 5:30 就起来学习了，本来想耍个聪明，没想到早被聪明的同学给耍了。难怪考不过别人，这是原因之一。"

"神仙们起得越来越早，暴学本性越发显露出来，本想这是耍小孩子脾气，一时兴起，三分钟热度不会长久，没承想，我坚持别人比我坚持得更好。那就采用第二个绝招晚上加班，哪承想，这是别人用剩的办法。有同学一盏床头灯，晚上接着学，遇有老师检查，就在被窝里坚持。"

"令人不解的是，竟然有同学晚上在厕所加班。原来，学校为保证同学们的睡眠，熄灯铃响后，宿舍不能再有光线发出，生活老师管理很严，一旦发现，批评是小事，扣分受不了。有学习顽固者，不想因个人原因扣班级分数，于是，就想出这么一个绝招。再说，在厕所学习安静、光线充足，就算有检查老师过来，也好有托词。有人会说，厕所不是有味吗？告诉你吧，二中的厕所还是挺让人放心的，只闻书香，谁还管人间烟火。"

"二中的神们，本可以靠天赋打天下，哪承想还这么努力，这么拼命，哎，现在看来，人家考出好成绩不是靠运气，都是靠辛苦挣来的，我该怎么办呢？"

"时间一长，心态平和了不少，为什么要和别人比呢？无论怎么比都有不如意的时候，何苦呢，那就和自己比，走自己的路让别人学习去吧。"

"于是，我开始了自己的学习节奏。每天按时完成作业，坚持做课程预习，有时间就刷刷题，提升解题速度，每天盘点，每周小结，错题有记录，题后有感悟，同学常讨论，课间合理用，不放过周末汇总提升的机会。"

"该参加的活动一样没拉，不仅努力地学，还做到聪明地学，不出蛮力，不出冤枉力，每天保证睡眠，保持精力充沛。你猜怎么着，期末考试我竟进了级部前 100 名，辛苦没白付出，我给自己点赞。去食堂，来一份鸡蛋炒面，犒赏一下自己。"

一寸光阴一寸金（赵斌 摄影）

刻苦（丁晓然 摄影）

2.3　我的选择错了吗?

这是二中一名学生的亲身经历:

进入大学一年有余,总在舍友面前炫耀我的母校——青岛二中。说起过往,他们不信,我只能拿事实说服。

记得刚入二中,还在军训,礼堂放映学校宣传片,高一全体同学观看。宣传片画面优美,解说和画面吻合,摄影角度独具慧眼,给人深刻印象。当时就想,这片子应该是专业摄影师完成,片尾七个大字给我当头一击——"青岛二中广电部"自此种在我的心里。

于是,我主动问学生联合会广电部何时纳新,并表态愿意加入该社团,并会为此付出努力。记得面试那天,紧张得不得了,不知是信心不足,还是激动与憧憬并存,反正心里有些打鼓。为稳定发挥,自己告诫自己,要沉着,要冷静。于是,深呼吸,抬起头,挺起胸,竟气宇轩昂地走向了讲台,直面那些掌控着无人机、摄像机,拿着对讲机不停指挥各项活动的部长和副部长们。

可能是我准备够充分,也可能是我的态度够坚决,我被录取了,自此开始了我的广电岁月。

秋季运动会是一年一度的盛会,广电部的各项工作也在积极跟进,我被分配到摄影摄像组。自运动会前各MT活动剪辑开始,就扛着不轻的专业摄像机东奔西跑,尤其是运动会的重头戏入场式,更是马虎不得。大家都想把主席台前的美好影像留下来,我的工作就显得非常重要,不能出现任何闪失。有时候为得到一个满意的镜头,台上台下翻飞,没觉得苦也没觉得累,可能是少年不知累滋味。为取全景,也学着"前辈"们的做法,操控无人机升空,一举一动虽不是万众瞩目,起码是自豪满满。

运动场上,不停地跑动,不停地转场,记录下一个又一个运动健将的精彩瞬间。

有时走过宣传栏，看到自己的摄影作品，也会多驻足一会儿，多瞄上几眼，总是有点小满足。

我和我的伙伴们录制剪辑的升旗仪式，被市电视台采用播放，我就像中奖一样广而告之，让大家一起分享喜悦。

时间一长，新鲜劲过去了，有几个瞬间，确实想打退堂鼓。一是怕耽误学习，影响成绩、影响升学。二是确实辛苦。就拿运动会来说，别人刚起床，我们已到编辑室，开始谋划落实各项繁杂事务，加上器材设备较多，必须事必躬亲逐一落实到位。别人还在吃早餐，我们已经到场地，选机位、放机器、调参数、找角度。这些还都能忍受，最苦的是后期剪辑，长时间盯着电脑屏幕，一遍遍地修改，一遍遍地重复，那个无聊、那个劳累，哪里还有当初认为的"光鲜亮丽"。

想归想，放弃的念头却从没有表露。一有活动，还是全身心投入。放松下来的时候，欣赏自己拍摄的视频，剪辑的影像，那种满足，那种幸福是别人体会不到的。特别是在公共场合，同学们经过我和我的机器旁，投来美慕与赞许的目光，我竟然很自豪，觉得干这件事很有意义。

在广电部两年的时间，我干过摄像，做过剪辑，配过音，操控过无人机，和团友们相处融洽。现在做事更加讲究，总要选个角度，力求完美。累也累过，苦也苦过，可这一手的技术却丰富了我的生活，我很知足。

进入大学后，我竟然凭着这些资历，竞选进入学生会广电部，作为负责人，我把在二中学习掌握的摄影摄像技能传授给周围的同学，一下我竟成了他们美慕的人，成了"能人"。让他们不能理解的是，在高中紧张的学习氛围下，还能忙中有闲参与学生会工作，且学得一身本事，他们不得不赞叹不已。你说我在二中的选择错了吗？

路在前方（赵斌 摄影）

我的社团我的家（丁晓然 摄影）

2.4　你在二中写过三行情诗吗?

　　不知始于何时，也无从考证是谁发起，教学楼的宣传栏里，时不时有学生写下的三行情诗登出，内容大都是师生对二中情感的抒发。

　　记得在"写给二中的三行情书"活动中，《二中人报》在显要位置登载了高二13班郭润佳同学的诗歌《二中四时咏》，全文如下：

　　　　早春归。静思湖波映柳依依。
　　　　兰芳叶嫩莺啼喜。
　　　　今年好景，韶光怎负，与我换春衣。

　　　　夏初知，日长不畏少佳思。

清欢午盏邀相试。

桃天满路，引蜂蝶戏，携卷惹生机。

遇秋期。子规啼血燕将归。

潇潇只恐轻折翠。

幽香暗递，满颊甜脆，惊喜遇芳菲。

既冬觌。梦惊寒晓外犹黑。

枝头已吐新梅蕊。

丹心热血，当轻凛冽，松柏未离披。

总相宜，笔掘难诉更须惜。

高中岁月弗轻掷。

慈龟山下，九十年罢，书此贺佳期。

字里行间就如高二邢浙璇所说："反正不管怎样就是爱这里，情书少一行又有什么关系。"

2.5 你在选择 MT 时有过茫然吗？

看一看二中一位学生的亲身经历：

当我如愿考上二中，还未入校，就面临 MT 的选择。新名词，既新鲜又有吸引力，虽不知其内涵，也能从介绍中弄个似懂非懂。

志愿表发到手里，真的有些蒙圈，不知勾画哪个团队。说是以个人兴趣为核心，考虑到以后的发展方向，自由选择 MT，学校会尽力满足要求，让每一个学生都能在感兴趣的团队中健康成长。

可我不知道自己的兴趣是什么，以后的发展方向更是无从谈起。爸妈也咨询了许多人，有些人对此闻所未闻，知道的人也是一知半解。问问师兄师姐吧，人家都目标明确，团队选择不曾有过半点犹豫。一家人最后达成共识，我的事，我做主，无论选择什么团队，爸妈都支持，这给了我不小的鼓励，从小到大还是第一次，有了决定自己未来发展机会的权利。

这时，我认真起来，仔细挖掘自身长处，畅想未来发展方向，审慎浏览表中每一个选项。直接选择有困难，那就用排除法。不再犹豫，提笔划除，仅余"经济"一项，于是，二中三年，"经济MT"成了我生命中的一部分。

既选之，则安之。方向笃定，没有了焦虑，一下轻松了许多，鼠标一点，提交，一个人一件事，搞定。

原本理解的经济就是东西买卖、是"钱"、是"理财"，没承想"经济是经世济民"，开学初上经济MT第一课就让我有了几分敬畏。

每个MT都有它的特色课程，"经济MT"也不例外。"经济学史""生活中的经济学"等基础课程，看起来枯燥无聊，但经导师们一点拨，再结合生活中的方方面面，加上组织观看经济学理论相关的电影及各种经济讲座的参与，对经济一无所知的人，居然对此平添了几分期待。身边的同学皆有此感，原来孜孜以求经济之道者大有人在。既志同道合，那就同舟共济吧。

随着年级升高，认识也在提升。知道经济离不开数学，在校本课程中我就选择了"数学建模""博弈论""微观经济学""金融类体验课程"等一系列课程，并都顺利结业拿到学分。

高考成绩下来，对高校和专业的选择没有了往日的茫然，倒是多了几分果断与自信。

进入大学后，社团活动与学业压力接踵而至，可能得益于经济MT"家"中三年的历练，收获颇丰的我各个方面都能应对自如，特别是专业学习更是顺风顺水。现在的我已经少了当初吸引力团队选择时的手足无措，多了几份稳重几分成熟，每每有点进步，总是忘不掉"经济MT"这个家的温馨，我给自己当初的选择点赞。

2.6   你知道二中课间休息几分钟吗?

课间休息多长时间没有一定之规,学段不同、校情各异,所以课间休息多长时间成了世界性难题。

为什么课间要设置休息时间呢? 课间休息是学生生理、心理上的需要。人坐一段时间后需要放松身心、补充能量,站起来活动活动,对身体健康颇有好处,对保护视力也有一定益处。课间休息是不同课程间转换的节点。长时间学习单一学科,学生会失去兴趣,这对提升学习效率无益;而换课程就会换思维,也会换关注点,这对学习有帮助。课间休息是学生社交的最爱。课上有疑问,可在课间和同学探讨,向老师请教,更多的时候,应该是同龄人之间说悄悄话的时间;课间是上节课的结束,下节课的开始。下课后要收作业,上课前要发作业,虽然只有短短的几分钟,却有不少工作需规范完成。

二中课间的休息时间上午是 7 分钟,下午是 10 分钟,这是经调研和实验得出的科学计算。但改革之下,雷打不动的课间 10 分钟休息时间被打破。记得刚开始时,为便于课程安排,课间休息时间设计成 5 分钟,师生有些忙乱,主要问题出在以下几个方面:一是学生上厕所太集中,压力大,女厕出现排队现象,尽管把教学楼每层的其中一个男厕改造成女厕,问题仍难以解决。二是走班到位难。二中从 2004 年起实行走班制,学生一下课,都要走班,满走廊是人,不说有拖堂现象,就算按时下课,铃响时,走班教室仍难安静。三是教师调试 Pad 时间不足,由于网络或设备不给力,设备调试需要时间,这给课程传授带来不便。四是作业收发紧张,不仅发作业困难,收作业更是无从谈起。

现在,课间休息时间改成 7 分钟,可能是适应的缘故,也可能是效率提高的原因,执行起来顺利了很多。上午由 5 节课变成了 6 节课,下午有自习课、选修课、体育课。自习课可以做作业、预习新课、沉淀上午课程内容,至于具体干什么,那就由学生自己做主。选修课,当然是靠兴趣学习,凭自觉到场。体育课是二中的特色,可以让学生释放天性,驱赶疲劳,积攒能量。

2.7 你的宿舍被扣过分吗?

还是看看二中一位学生的亲身经历吧:

一群出生在独生子女家庭的少男少女,经过初中三年的煎熬,在二中相聚了。从没有离家居住的我,和陌生的同学分到了一个宿舍,成了无话不谈的舍友。

考进二中前,我从没做过家务,拖地、叠被子、洗衣服、规整物品,这些活都是家长包揽,就算在家长的吆喝下被动拿起工具,也是出工不出力,象征性地比画一下。每早起床被子是不叠的,往旁边一推了事,这种小事不必亲自动手,家长会代劳,新的一天就这么开始了。

高中开始住校,军训的第一科目就是整理内务。家长不在身边,手足无措的姐妹失去了依靠,好在有教官在,标准的示范,耐心的教导,给我们增加了做好内务的信心。大家清楚,内务关乎一个宿舍的荣誉,关乎班级考核,不光有检查评比,还有公示奖励。人都要面子,谁也不想在教官面前丢面子,谁也不想给班集体抹黑,于是,大家按照分工,各司其职,开始了真正意义上的集体生活。

大家一起动手,内务整理的格外细心。首先,收拾自己的一亩三分地,被子要叠整齐,有棱有角,要求像军人一样,放置位置固定,铺面平整,床单不能出现褶皱。在公共区域,有擦窗户的、擦门的,有拖地的,有摆放物品的,有收拾窗帘并捆绑到固定位置的,反正全体舍友,在有说有笑中认真做着手中的工作,直到满意为止,一切收拾妥当,静待宿管老师验收。

信心十足的等待,结果却并不美好。地面有灰毛扣分,门擦得不干净扣分,卫生间地面不洁扣分,个别同学枕头放错位子扣分。这一下炸了锅,付出那么多辛苦,还是被扣分,心中其实挺失落的。

怎么办?去其他宿舍参观,请生活老师指正。大家铆足了劲,再干,一定要得个满分给全班同学看。结果还是不达标:架面不洁,地面有灰毛,再被扣分,但有进步,分数扣得少了。

明明很干净整洁了,结果还是不行,难道宿管老师是趴到地面检查细节吗?你还别说,趴到地上一看,床底下确实有灰毛,这分扣得不冤。

后来,舍友们一起研讨改进措施,关注细节,有分工,也有合作,每个人都像宿管老师那样审视其他姐妹的工作,经过一个时期的实践后,评分板上扣的分数越来越少,直至出现多日不扣分的良好局面。

后来,我们拿到了文明宿舍,不仅有锦旗,还有奖品。

再后来,做内务,一切轻车熟路,没有了往日的负担,却平添了几分悠然。周末回家,竟自觉不自觉地帮爸妈分担起家务来。这大概是住校带来的改变,也可能是宿管条例促使自己的改变。

2.8 二中学生吃饭插队吗?

插队按规定是不允许的,可生活总是丰富多彩,大环境下,有些小插曲点缀,也会使大家的目光聚集,毕竟,凡事都有例外。

插队,应讲究艺术,不能"插"得太狠,也不能被"插"得太狠,这就需要动动脑子,数学知识就能帮上这个忙。"一下课就飞奔食堂,不仅是队排得靠前,还减少了被'插队'带来的风险。如若不能排在队伍前头,根据统计学原理,10米长的队伍,你站在两米远的地方,被插队的概率是 2/5,10 米以外可就有点惨了,所以跑饭不仅是为了能早打上饭,更是为了减少被插队带来的烦恼而已……"

插队是一种现象,一种非常不雅的现象。"理直气壮"地插队,自然会招来白眼,"温柔"地插队就显得"艺术"了许多。

"我极少插队,即使队伍很长,也宁可站在后面自己排,除非是时间真的来不及,或者插队的太过分,我才会非常羞愧地、难为情地走到同学面前,把卡给他:'我不想插队,但是能请你帮我打份饭好吗?我来不及了,我只插卡,不插队……'"温柔中还是下了"杀手",谈笑间饭已到手。

学过心理学吗?告诉你,插队时能用得上。这不有人在熟人面前还是"盛情难却"被动让位于他人,有人插队是有些"霸道"有些"蛮不讲理",可在"熟人"面前,谁好意思为这点"小事"高声指责呢?

有些人被插队不仅不生气,还能辩证地看待这个问题。因为"也干过类似的缺德事,怎能张口谴责别人呢!"真气不过,也只能"忍气吞声","翻翻白眼"而已,"己所不欲,勿施于人"确实有它的道理。

吃饭插队看似小事,却反映一个人的素质,体现一种风气。

"最近发现吃饭插队的现象少了许多。不知是因为中午跑饭速度提升的缘故,或好几次不去吃饭的事实所在,或学校加强管理所致,或大家真真切切认识到了插队不是我所好的大彻大悟……这些都不重要了,反正出现了令人欣慰的局面。"

2.9　二中学生跑饭吗?

这个问题,当然还是学生们最有发言权啦:

"记忆中,每到下课时间,食堂的人流量宛如春运,每次去都是人头攒动,不少人都是刚打铃就飞奔过去。"

"胃有多饿,脚步就有多快,心有多大,舞台就有多大,跑了饭,饱了腹,学习干劲足!"

"别看我学习成绩不理想,跑饭进入前一百绝对没问题,若强基计划按跑饭成绩录取,我会继续跑下去,争取和名牌大学握手,被名牌大学录取。"

"告诉你吧,我跑饭的最佳战绩是二楼煎饼果子第一名,三楼拉面最前端,虽与一贯狂奔的'总冠军'略有差距,起码获得过若干个单项冠军,没啥可骄傲的,只能拿这个嘚瑟嘚瑟。"

"一直以来坚持在跑饭路上不离不弃,还不断与跑饭志士探讨交流,集思广益的同时,也博采众长,略加整理后,一套接地气实战性强的跑饭方案出炉,没想到这成了跑友们争相讨教的秘籍。"

记得在上公开课"生活中的排列组合"时,学生根据自己的理解,凭借无限的想象力,将息息相关的人和事,用诗歌形式抒发出来,其中就谈到了二中学生的跑饭,读来颇有趣味:

入夜,星河灿烂,繁星满天,是有序的排列,还是无序的组合?

海面,浪花点点,卷起千堆霜雪,是无序的组合,抑或是有序的排列?

春花,夏草,秋风,冬雪,周而复始地排列成明媚的年岁。

姹紫,嫣红,五光,十色,不知疲倦地组合成绚烂的世界。

入眼的是红瓦绿树碧海蓝天排列出的二中校园。

铭记的为课堂,跑饭,午休,自习组合出的青春年华。

茫茫人海中,冥冥的命运将我们组合,而我的组合定会排列出华美的篇章。

莘莘学子,我们是你们守候的组合,而辛勤的园丁,亦是我们期待的排列。

为制止不文明行为,学校出台了相关制度。执行一段时间后,跑饭现象杜绝了吗?答:跑饭现象时有发生。跑饭现象减少了吗?答:不好量化。

其实啊,大家都上过学,都住过校,都去食堂吃过饭,都有过一段争强好胜的时代,谁也别笑话谁,在学校跑饭的体会还是挺深刻的。

2.10 二中学生错时吃饭吗?

错时吃饭,很早就推出过,执行起来还是有一定的不确定因素在里面。记得若干年前,错峰吃饭制度的建立,还曾引起过不小的波澜。当班长开完会,在教室内传达会议精神时,有同学就窃窃私语起来:

"什么垃圾制度?"

"凭什么让他们先我们10分钟吃饭?"

相左的观点也是不依不饶,火药味十足:"晚一点吃饭能怎样? 相比之下学校恐怕是害怕跑饭途中出事才这么干的吧。为了这种事情咋呼有意义吗? ……"

更有学生带着调侃的口吻说道:"万兽狂奔的景象我早就不能忍受了——这措施挺好的。"

有女同学提出来:"嗯……从一个妹子的角度来看……其实局面不会从根本上改变,吃饭的早晚还是完全取决于你的奔跑速度与老师的下课时间,并不取决于制度本身。"

"想早吃饭逃课不就是了? 没有改变规定的能力也没有违反规定的勇气就好好地顺从,不要当loser。"愤愤不平的同学还是给制度反对者指出了一条"明路"。

现在二中的错时吃饭,较以前改进了不少,也越发的规范有秩起来。

2.11 你在二中游过学吗?

时下,学校安全成了学校管理者关注的重点,学生安全更是社会关注的焦点。一些小学课间不允许学生跑动,美其名曰怕孩子磕碰着,可却在无形中抹杀了孩子的天性。剪纸课上不能用剪刀,美其名曰小孩用工具不当容易剪破手,为保护孩子只能用手撕纸,这还是剪纸课吗？一些学校不能按教育部要求开足体育课,相应的外出"游学"更是无从谈起。

青岛二中秉承一贯传统,坚持让学生走出教室,融入自然拥抱自然,不仅坚持春游和秋游,还把它作为一门课程——"游学"课来开设(当然,疫情期间除外)。

现在的春游和秋游,已不再局限于青岛市区范围内,吃吃樱桃、摘摘桃子、游游杏园,搞一个简单的拓展训练,而是变成了时间更长、距离更远、目标更明确的另一种"远程"学习。

按学生的话说:"现在的出游,不仅是赏景抒情的好机会,更是了解地理知识、收集生物标本、感悟历史史实的绝好契机。"活动本身不仅能让学生亲身体验到课堂上难以领会的知识,更能激发学生们的探索精神和求知欲望。这大概印证了一句话,学习是一种活动更应该是一种体验。

各个团队出游计划的拟定都是匠心独特,富有特定意义的。既能让学生们放松身心、增进友谊,又能在课外学习到一些必需的本领。征得多数人同意后的出游计划,总是让学生充满期待。

"游学"是轻松的,感悟也是要跃然纸上的。于是,有同学春游后写下了如下的心语:

我们的花园里面藏着你们不知道的秘密……

春游啊春游

这是一群孩子的时间

熬夜和通宵之后

会有最漂亮的日出

这是什么？这是什么？

我们用一个个沙滩上的影子搭建起来一座塔

盛满了我们的笑声

让它像海市蜃楼一般

慢慢消失在海里

你们谁都找不到　　只有我们自己知道……

2.12　舌尖上的二中

二中的教学楼走廊两边都是教室,这种建筑样式十分不利于通风透气,特别是夏天,无风且气温较高时,行走其间更是给人一种压抑的感觉。这时,若有人在教室内吃方便面,不仅小范围内"香气四溢",整个楼层都会"味道十足",且久久不能散去。师生提出意见,学校调研后做出决定,校内小卖铺不再出售方便面,从源头上解决了长期存在的小问题。

在二中,没有早操,部分喜欢赖在被窝里不起床的同学,争分夺秒睡到晨读上课前的一刻。实在不能再耽搁了,便草草洗漱后于 7:10 分前离开宿舍飞奔教室,紧张的早自习之余吃点"库存"的心仪食品,算是对早餐的一个交代。更多的同学,都是早早起床,非常从容地到学校食堂就餐。

二中的学生食堂很有口碑,不仅色香味俱佳,质量上乘,且供应充足。说是学生食堂,老师有时也到那里用餐,因为学生食堂食物种类多,选择的余地大。

"炒面几乎是一代二中人的记忆,论起食堂的美食 top3,炒面绝对算得上是一个。"

"二中告诉我们,艰苦学习不代表吃得烂,二中有青岛最好的食堂。"这是二中毕业后升入高等学校的一位学生感言。当然,没有比较,不敢下此断言,正是因为有了鉴别,才体会深刻。

记得在南开大学培训时,中午在学生食堂就餐,买完饭刚刚坐下,两个女孩站在了我的面前。抬头一看是二中升入南开大学的两位学生,师生间的不经意相遇，自然有说不完的话题。

"真的是离开二中之后才发现，二中的食堂究竟有多好——现在都想念三楼的饭了——不知道排炒面的人是不是还那么多。好想回校吃二中早饭的馄饨……我毕业后还没有退饭卡，饭卡里的钱还没花完呢，放假回校撮一顿，让人好期待噢。"

但凡从二中走出去的学生，都会津津乐道地谈论令他们一生都不能忘怀的学校食堂。有些已毕业多年的同学，会利用放假回母校看望老师的机会，到学校食堂吃顿饭，重温在二中生活过的美好时光。

"均价五六块，包子饺子牛肉粉牛筋面麦多火锅麻辣烫煎饼果子奶茶冰激凌煲仔饭炒饭炒面牛肉面刀削面，我之前从没见过这么好的食堂。我在小学初中成天抱怨吃不饱饭吃不好饭，来了二中却觉得来到天堂，只是饭是跑出来的，所以上午最后一节还拖堂的老师最残忍了。"这是刚刚进入二中学习的高一学生的心声。

外来参观学习的人员，如果有安排的话，中午就餐一般在国际部，那里不仅就餐人员较少方便外来人员用餐，而且是了解二中宣传二中的不错场所。

学校在 2011 年建设了咖啡吧，给班主任老师和家长的交流提供了新场所；也给喜欢喝咖啡，乐意社交的老师、同学提供了一个沟通的好去处；也成了学校向外推介的打卡地，外地来二中参观学习者，但凡时间允许，都会到咖啡吧品味一番。当然，不喜欢喝咖啡、不喜社交的同学，也可以带着书本在这里遨游，咖啡吧内，不乏围坐一起学习探讨的场景。

二中食堂

2.13　你在二中跑过楼梯吗?

二中,建在半山坡,从校门口开始,拾级而上,寓意深刻,进入二中就是一次攀登的开始。由于地理位置特殊,但凡来过二中的人都印象深刻,更不要说一生贡献给教育事业的老师以及在此历练三年的同学们了。

依山而建的诸多阶梯,不仅通行便利,还承载着设想之初始料未及的功能。一是锻炼,从进校门开始,踏着一级级台阶,且不说走到最高处,就算是走到教学楼,没有点身体本钱的人,也会气喘吁吁。恰恰是这样的场地,被体育老师发掘出来,作为体育生技能训练的场地之一。

二是吃午饭,楼梯成了考验体力和毅力的最佳训练场。上午最后一节课,下课铃声就是"比赛开始的发令枪声",大家争相攀爬,奔向同一目标——食堂。

听听二中学生们的心声吧：

"出了教学楼就要上楼梯了，楼梯有 A、B 两种选择，A 是半楼梯×2，B 是一段长的楼梯，我个人比较偏好 A 路线因为那样就算跑时太激动不小心一脚踩空也不至于摔死，而且中间还有段平路可以休息片刻。"

没想到吧，跑饭时登楼梯是有讲究的。更有见解独到者："下课后，如果一味地向前跑，只会被前面四个班的人群堵在狭窄的楼梯里进退不得，想要快，就要不惜舍近求远，即从教室出来后向与食堂相反的方向走去，到那个最宽敞的大楼梯迅速跑下三楼（注意此时动作一定要快否则高一的学弟学妹们的堵塞能力也会瞬间就膨胀变大到让你无法招架）。"

一溜烟似的奔向室外阶梯，心无旁骛地向目的地进发，激情得到充分释放。

"部分人因爬楼梯太累不得不放慢脚步，这时，你只要坚持，一定能争到上游。"

"进食堂后有人还在楼梯上狂跑，个人认为这是白费功夫，食堂内楼梯很窄，而且已经没有多少发展空间了。"

三是比赛场地。冬季，有一特殊的比赛项目——爬楼梯比赛，这是根据二中特有的地形地貌而设计的，每年一次，已开展 10 多届。起点设在二中大门口，一直向上，跑到山上最高点，然后折返，整个路线多是阶梯，简称爬楼梯比赛。

该项比赛原以班为单位（现以 MT 为单位）进行团体比赛，每班 10 人，5 男 5 女，按年级分级部进行。

由于赛程楼梯较多，与田径场地相比，需要付出更多的汗水。上半程，运动员步步攀登直至顶峰；下半程，更是不易，常言说上山易下山难，不仅考验体力、技术，更是对参赛者意志力的检阅。有人中途退赛，有人体力不支，有人整个赛程没有片刻停留，一路向前冲。无论结果如何，参与者都应获得掌声，毕竟这是为勇敢者设计的游戏。

"三年，弹指一挥间，回首母校，一级一级的楼梯万分亲切，层层叠叠，隐入天际，唯有感激，说不尽，道不完。"

校园风景（丁晓然 摄影）

校园风景（丁晓然 摄影）

2.14   你晚自习在班级日志上留下过"墨宝"吗?

二中的晚自习,除老师值班外,班级都有值日班长值日。值日班长既要维护好班级纪律,还要将当晚班级的自习情况记录在案。这样既便于每周一次的班会总结,也便于班主任老师及时了解班级晚自习的情况。

"晚自习上课铃响后,清点人数,貌似少了两个熟悉的身影,且是一男一女。还没等我进一步反映,班主任已经将两个人的名字记录在案,老师的这一举动,虽是不经意间,还是给明察秋毫的班内同学留下无限遐想,例如……"

"后来,据该同学自己爆料,因和王同学聊天太投入,竟没有听见上课的铃声,忘了上课的时间……好喜感啊,有没有。作为学生竟然忘了上课的时间,足见两个人谈话之投机,青春期嘛,可以理解,最近两个人有点'狂躁'。"这是某值日班长留在班级日志里的"墨宝"。本是违反纪律的现象,在该班长的笔下,却有了喜感,从另一个角度也反映出该值日班长是负责任的。该班长接着写道:"由于学业负担较重,睡过头或聊天聊过头都是'正常现象',我也干过这种事。以后一定注意。"

运动会的筹备工作正在紧锣密鼓地进行,拉赞助牵动了不少人的心,虽说不上如火如荼,起码是"全民"参与,这样,运动会前夜的晚自习纪律就很难保证。"大家最好不要在晚自习搞嘛,拉赞助虽然是为了班级,但也不能以牺牲宝贵的时间为代价,因为我们的主业是学习。一阵劝说之后,纪律好了很多,大家的注意力转移到了学习上,这说明大家没有忽略我的存在,这很重要,值得表扬。"本是一场"危机",却能在云淡风轻中化解。简短的语言,让人赏心悦目,看似平常的班级管理,却有睿智在其中。

"今天是我值班,洒家因在实验室研究'贝壳'废寝忘食,心无旁骛,专心致志,如火如荼,导致我一时抽不开身履行职责,无奈之下,只好请刘同学代劳。等我腾出手来，翻看日志时，刘同学没有留下只言片语，零纪录让我一时手足无措，进退维谷，如履薄冰，情以何堪啊！"这是另一位值日班长在日志中留下的"墨宝"，字里行间有缺乏分身术的无奈，也有没尽到责任后的自责。

"第二节课，老师接连叫出去几个同学，班内一下多出了几个空位，这种局面不好一下改观，毕竟是老师叫同学出去造成的，一时不好说什么。不过，晚自习纪律还是值得肯定的。在这里我要自我检讨一下，8：00左右，我的手机鬼使神差般的响了，一时弄得我手足无措，大家笑成一片。赶紧检讨，是我的不对，影响了大家的学习。就记录到这里吧，马上下课，一会儿再见，我亲爱的小本本。"作为值日班长，除了管理者的身份外，还应是大家的表率，坐在最前面，面对大家，一举一动都在全班同学的视线之内。自己违反了纪律，当众检讨是最好的补过措施，也只有这样，才能得到大家的谅解。

"经过15分钟课间洗礼的青少年们，第三节上课铃声响过以后，还没有及时安静下来。其中王同学周围尤其热闹。细细打问之后才知道，王同学用心爱的花露水喷洒了周围的同学，这本是小事一桩，没想到引起了一阵骚动，提神之后的青少年们，简直有说不完的'感想'。在毅然决然的制止后，'事态'平息，一切恢复如常。在浓浓的花露水的芬芳中，平稳地度过了第三节课。"课后热闹是常态，而常态中的故事却是大家兴奋的焦点，也是若干年后回忆的佐料。既然出了"事态"，"平息"就需要手段。正是管理者的"毅然决然"，才使"混乱"的局面趋于平稳，自习得以正常进行。

班级日志中的"墨宝"可以记录班内的一切情况，包括迟到早退，上课说话，吃零食等各种现象，这是值日班长的职责。上面几位班长，用诙谐幽默的语言将班内晚自习发生的各种情况记录在案，这是值得倡导和推广的。

2.15   你给老师写过匿名信吗?

谈到匿名信,总给人一种神秘感。男女同学之间有好感,可先写一匿名纸条表达心意。对社会现象表达不满,或对某人有看法,可采用匿名信的形式进行规劝。师生之间没有多少值得写匿名信的话题,可偏偏收到了学生写来的一封匿名信。

下课后回到办公室,桌面上有一折叠整齐的信件,只有"于老师亲启"几个字,没落款。从字体上来看,应该是女同学的笔迹。内容如下:

我是教学五班的一名学生,特地怀着一份感激与崇敬的情感给您写下这封匿名信。

很幸运在高三这个如此重要的一年中成为您的学生。记得在第一堂课上,我听到您精妙清晰的讲解后,心情如拨云见日般,又重拾了对数学的热爱与信心。

我一直是热爱数学的,不论是否由于分数的高低。每听完您的一节课后,我总享受这种挫败感,挫败感来源于您能把每道看似简单、普通的题目加以总结,这点我是从未想到过的,佩服之至。您像操纵整个表演的魔术师,而我却是晕头转向赞叹不已的观众,在您的教导下,终于领悟,蜕去表面,抓住实质。

您不必费心去询问我是谁,总有一天我会取得理想的成绩,当面向您表达我对您的感激与崇敬。

让我用成绩来说话吧,希望假期回来让您再次在周二培优班上看到我的身影,祝我好运。

祝老师快乐!

阅读完毕,心中自然会问,这是谁写的呢?尽管信中有写"您不必费心地询问我是谁",可从字里行间已猜个八九不离十。既然信中有约定,也就没有必要拆穿这层窗户纸,一切静观其变。

终于,在高考凯旋后的庆祝日,我把慷慨的祝福送给了写"匿名信"的作者。

后来,又收到一封匿名信,先看内容:"我,您的学生,爱数学,天地可鉴。我,爱数学,数学没考好,天地也可鉴。"然后是一大段的反思和错误分析。"拿到批改后的试卷,眼泪夺出了眼眶,不是因为别人怎么看我,而是因为对不起老师您,这段时间其他科学习用时较多,挤占了数学学习时间,没考好确有原因,碍于这层,先不告诉您我是谁,不是怕您批评我(其实就是怕您批评我),所以将真实姓名隐去,等考好了进步了再给您报喜。"故作聪明,一看笔迹就知道是谁。老办法,既然有约定,那就暂时把"负荆请罪"书收起,权且糊涂一时。

2.16　你参加过学科周活动吗?

有几年时间,二中各个学科组,每年都要举办特色浓郁的学科周活动。一是为了丰富学生们的课余生活,拓展学生视野;二是为学生们的研学打下基础;三是作为学科组年终考评的依据之一。所以,各学科组在搞学科周活动时,计划周密程序明晰,学生参与有记录有考评。

记得数学组有一年的学科周主题为:每天都有分享,都有欣赏,都有参与,都有欢乐。奇思妙想的组织者安排了各具趣味的学科周套餐,比如魔方比赛、数独比赛、展板展示比赛、手抄报比赛、思维命题大赛、数学讲座、数学小论文的写作等各色活动。每人可根据自己的喜好特长,有选择地参加感兴趣的比赛,为自己增彩的同时也为班级(团队)争光。

就拿魔方比赛来说,不仅在有限的时间内,让人领略了不可思议后的幻想变为现实,更揭示了数学世界的无穷魅力,动手的同时,你会感悟到数学不仅好玩而且有趣。

魔方比赛采用世界魔方协会比赛规则,魔方规格是 $3×3×3$。裁判组按要求依程序将魔方打乱到规定位置,参赛选手有 15 秒钟的观察时间。当宣布魔方比赛开始的那一刻,选手们迅速拿起魔方,快速旋转,用灵巧的双手,在短暂的 30 秒之内结束战斗。

魔方高手带给人们的精彩表演,不得不让人去探究世界魔方比赛的成绩是多少呢?

1981 年 3 月 13 日,第一场魔方比赛举办,一位慕尼黑人以 38 秒的复原时间赢得冠军。1982 年 6 月 5 日,在匈牙利首都布达佩斯举办了第一次国际性的魔方比赛,最短复原时间缩短到了 23 秒。2003 年开始,世界魔方协会开始定期举办魔方比赛,比赛规则、项目都得到发展与完善,并为了减少单次复原时间的偶然性,将冠军改由多次复原的平均时间来决定。在魔方复原方面的竞争异常激烈,创造了一个又一个惊人纪录。2011 年初,一个澳大利亚人创造了单次 6.65 秒,平均 7.87 秒的新纪录。

魔方比赛结束了,30 秒距世界纪录还有不少的差距,没说的,只有努力!

2.17　你邀请老师观摩过你的研究性学习成果吗?

在二中学习的三年中,会有许多事情留下印记,每一个印记就是一个故事。

经历过的人都会记得,二中每年都会举办一个研究性学习成果展示活动,场面虽算不上很大,却很热闹。在指定的地点,各研究小组就自己的研究成果或现场实物演示,或图片上墙文字说明,或装订成册现场发放,花这么大气力的原因,不仅是为了赢得奖项,更重要的是获得学分。

这就需要研究性学习小组成员,使出浑身解数,尽最大可能现场展示研究成果,并被评委、观众所接受,从而赢得评委手中的选票。

为赢得宝贵一票,各研究性学习小组广泛挖潜各路人才为己所用。比如有的小组邀请有一定影响的老师站台,有的小组邀请专业意识较强的老师帮忙谋划,有的小组邀请大学教授莅临现场,这些邀请,不是口头上的,而是郑重其事,有制作精美的邀请函为证:

亲爱的老师:

　　您好!

　　诚挚邀请您莅临我研学小组展示区指导我们的研学活动。

　　科研8组金属防锈技术　实验楼3楼

　　我们希望通过研究,为建设幸福宜居的美丽青岛做出我们的一分努力。

　　您的指导和帮助,将让我们深感荣幸,大受鼓舞!

　　此致

　　　　　　　　敬礼

　　　　　　　　　　　高二(10)班研学8组

尊敬的于世章老师:

　　您好,我们是青岛二中8班的"全民健身大搜索"课题研究小组,我们的研究旨在提高人们积极参加体育运动以强身健体,努力创造出一个全民健身的环境。我们从对散布在青岛市的健身设施的调查入手,调研了青岛市的各个体育场馆,拜访了我们的体育老师,总结了青岛市居民的建设情况,并制作了宣传视频,同时在微博上、人人网上发出了全民健身的号召。

　　感谢您在百忙之中抽空阅读我们的邀请函,我们诚挚地邀请您参加即将进行的青岛二中研学大赛,并为我们的研究成果投上宝贵的一票,为青岛二中乃至青岛市的阳光体育健身活动宣传贡献一分力量。

　　此致

　　　　　　　　敬礼

　　　　　青岛二中8班 "全民健身大搜索"课题研究组全体成员

2.18　老师给你留下过什么印象?

上网浏览,偶然间,无意中,鬼使神差般的发现电脑上有《章哥,我爱你——谨以此献给敬爱的于世章老师》的文章,我迫不及待地打开一看究竟。

原来是一个网名"猫"的家伙,"控诉了"师生间算不上"深厚"友谊的点点滴滴,字里行间有留恋,有窃喜,有茫然,有惋惜,有怀念。"猫"是谁? 怎么突然间就有文字献给老师,想知道他的庐山真面目。

我从网上查到了"猫"的真实身份。徐海坤,一个学习优秀,思维敏捷,上进心强的小"猫"。虽已毕业离校,升入高等学府,可给老师留下的印象是蛮可爱的一个"小猫"形象。

"章哥"的叫法,已留在了很久远的记忆之中,突然间有人这么叫出来,感觉自己又年轻了许多。

终于还是有这一天——数学也要走班了。我知道这预示着什么。我曾经希望美好的结果,但是落空。

记得当初的时候,第一节课,认识了教数学的老师叫于世章。当时的我们并不知道这意味着什么,可是后来我们知道,于老师您确是二中最最最牛的老师。知道吗,现在我们翻开的数学书里,就有于老师您的心血。

当今天的数学课开始的时候,我脑子里全是过去一年半里的每一节数学课。我曾以为跟您没有什么太多的感情,或许只是一位老师和一个学生,可是,现在我发现,并非是这样简单——那崇敬与爱戴或许早已经融入了血肉之中。想起来那一个个的小失误。我们知道这是故意的。虽然心知肚明,却又乐此不疲;还想起那写在卷子上的鼓励的话语,真的,想起来的时候,心中仍然是一片温暖……

可惜啊,年轮并没有给我珍惜的时间——甚至连最后一课都是在走神中度过。今日回头,一切却已是惘然。于是,谨以此文表达我对您的感激,您将永远,永远是我最好的数学老师!

　　已经毕业离开学校的同学,将自己在高中遇到的事情,用文字记录下来,已足以让人感动,何况字里行间还充满着对老师的溢美之词呢!

　　谢谢徐海坤,你对老师的赞美我都收下,不过不会激动万分,也不会大喜过望,因为我就是个老师,分内的每一项工作我都应该做好的。

　　祝徐海坤学业有成!

2.19　你听过老师的讲座吗?

　　二中的课外活动丰富多彩,各科"大咖"老师的讲座也是你方唱罢我登场。听听一个同学的心声吧:

　　10 月 26 日 9 时许,我参加了由二中"蓝心结"和市教育局共同组织的、由全国优秀教师于世章老师主讲的数学学科公益讲座——如何解题,觉得受益匪浅,印象颇深之余决定用文字记录下课堂的精彩瞬间,与大家分享。

　　没有冗杂烦琐的形式,没有高高在上的说教。于老师用趣味的数学故事,给这堂课开了一个充满欢乐的好头——我们到底为什么要学数学。数学家高斯说它是人类最智慧的部分,同学们很现实地说是为了应对高考的选拔。而老师则用他 30 多年的教学经验,结合他本人对于数学的热爱,非常深情地告诉我们:数学是一门能调剂人思维方式的奇妙艺术学科。听了这番话,我虽懂,却依然存有质疑:这由符号和数字堆砌起来的王国,真的如他所说,没有枯燥和单调,只有无尽的美丽么?

　　接下来,于老师让大家做了一个游戏——用四条连续线段一笔将九点串联起来。我冥想苦思,琢磨不出其中玄机。最终于老师公布了答案——他居然将线段延伸到了格外!看着我们一脸惊讶的表情,于老师指着格外的线段,语重心长地对我们说:数学学习,就像这幅图案,只有跳出这个圈

家看看我是怎样做错的。

天哪,在之前幻想过多少个让老师记住我的情景啊,唯独没有反面典型这一条。

本想一试身手,在全班同学面前"风光一番",没想到却翻了船。

那天中午,我惭愧地走进办公室,求老师再出几道三角函数计算题,弥补一下过失。一进门,老师一下喊出了我的名字,就这样老师记住我了。

2.21   我是这样学习考上清华大学的

在二中,就学习这一项来说"大神"很多。他们之所以成为"大神",不是妄想出来的,而是有自己学习的独门秘籍。

考上清华大学的张心原同学,在总结自己的学习经验时,曾经谈过这样几个观点:

始终如一。就个人来说,学习的目的是什么,就是要有一个达成,这就是为之奋斗的目标。目标一旦确定,就要去实践,努力去实现,就要义无反顾地为此辛苦付出,过程即使有千难万险,也不要摇摆,更不能中途易辙降低要求。这很重要,因为它是方向、是引领,是信念变为现实的意志体现。

不懈的努力。或许我没有资格说"努力",因为我不是个努力的人。是的,如果说我学习不错是因为比别人努力未免牵强。但我失败的经历可以说明,努力有多重要。在竞赛集训期间,我第一次见识到什么叫作真正的努力。40℃的济南让我几乎昏厥,萎靡不振,不曾想我竟是个异类——剩下的来自其他城市的同学安之若素地每晚熬夜到两点,第二天6点再早起,精神百倍地学习——实在惭愧,我虽然在自己看来很努力了,却仍一天睡8个小时。聪明重要吗?也许重要。但是最后的决赛结果却说明,努力更重要。

不断反思。我们是不是太高看了自己的素养、能力、思想,却忽略了更重要的东西？扪心自问,我们拼了吗？在通往高考的路上,我们将面临更严峻的竞争,这竞争来自睡觉比我们少的人,来自上课比我们更专注的人,来自比我们更破釜沉舟的人,来自比我们意志更坚定的人。唯有努力才能让南瓜变成金灿灿的马车辚辚开动,唯有努力才能拥有弥达斯的手指点石成金。

方法到方法论。在学习中我慢慢发现比具体方法更重要的是方法论,而学习,无外乎是一个校正、充实自己方法论的过程。学会了一道数学题的巧妙解法只是第一步,更重要的是揣摩分析这个题的方法,掌握解决这一类题的方法。从前我英语虽然不错但英语阅读很差,错四五个阅读都很正常。高三期初考试后,我决定静下心来解决这个问题,突然发现答案设置并不像我原来认为的那样没道理,其实什么样的问法都对应不同层次的答案。比如问 what can we learn about 与 which is true about 答案指向就略有不同。这样分析一遍后,期中考试我的阅读就变成了满分。可见方法论是非常重要的。

这是张心原同学的"一家之言",其学习方法未必适合于每一个人,但有些观点却值得借鉴。

2.22 我是怎么成了别人家的孩子的?

看一看二中一位学生的经历吧:

家长们常在一起聊,看看别人家的孩子,生活不用操心,学习名列前茅,不知道别人家的孩子是怎么教育的?

转眼进入高三,第一学期期中考试,成绩还算理想,名次级部靠前,老师让我总结,给大家谈谈自己的学习方法,就这样,我也做了一回家长眼中别人家的孩子。

考上二中,和大家一起乐乐呵呵地学习,没觉得有什么可总结的方法。

既然老师布置,那就权做一次期中小结,希望能帮到别人:

今日事今日毕。我比较欣赏自己的一点就是做事不拖沓。今天的作业绝对不能拖到明天完成,今天的日记必须今天写完,而不是明天的补记,明天有明天的事做,在这点上不能宽容自己,否则的话,小小的认识误区,会像滚雪球一样越滚越大遗患无穷。

有规划。在开始学习前,应该有一个大概的规划,明确自己要学什么学科,学习重点在哪里。学习的效果怎么样,每晚睡觉前检查,完成了哪些,哪些没有达成,要做到心中有数。

课堂紧跟老师节奏。知识方法的重要来源渠道是课堂,老师在高三复习课上所讲授的知识方法一定是最重点、最突出、最简洁明了的,紧跟老师的课堂进度,思维和老师保持一致,常会事半功倍,比自己闷头学或课外补习省时有效。

充足的休息是学习高效的保证。高三复习是持久战,耗时一年,身体扛住了,就有了拼搏的本钱。疲劳的时候,学习效率低,不要强迫硬学,出现这种情况,就趴下歇会或去室外远望,略做调整。学习就像长途开车,中途要有休息,既能调整疲惫的身体,也能愉悦身心,使后续学习更高效。

整理错题。错题本是非常宝贵的复习资料,既能给自己看,也能请老师帮忙分析。错题本不求华丽,不重形式,实用即可。至于其必要性,有一点可以肯定,就是遇到记忆不清的问题时,可以确保下一次的记忆更有效。

第三章

青岛二中是一所什么样的学校

　　二中是一所什么样的学校呢？简单来说，二中是一所办学近百年的老校，是多年来进入全国 100 强的学校，山东省不多，青岛市唯一，所获殊荣颇多。你要问二中是不是真正意义上的名校，我告诉你，二中不需要成为名校，因为它已经是名校中的一员。

3.1　二中是一所办学理念超前的学校

　　大家自然会问，二中怎么超前，超前在哪些地方，孩子们在超前理念下能受益吗？就拿高一新生入校分班来说，二中早已打破平行分班模式，更不会违背教育规律按成绩分班，而是在山东省教育厅发布深化考试招生制度改革实施方案以前，就已经按学生兴趣和特长，以吸引力团队的形式，设立了人文、外语、数学、经济、理工、生化六个团队（MT 模式），各团队由一名首席导师领衔，管理团队导师由首席导师聘任。各团队因人数差异较大，导师团队既要各司其职，还要不断争先创优，有自己团队管理的独立思考。换句话说，团队之间既要有合作同频共振，又要有自己的独立运行机制。多年来的实践证明，这种团队管理是成功的，既减轻了大一统的级部管理负担，又增强了管理的针对性，既能关注所有，又能细致到人。所以，山东省发布实施"3＋3"高考，二中应对自如，是政策的受益者，这得益于超前的办学理念。10 多年的探索，二中开齐了六选三的 20 种课程组合，满足学生发展所需，实现了所有课程的自主选择。

　　用二中孙先亮校长的话来说："教育应该关注学生的个性发展和综合素质提升，学生的个性发展是青岛二中倡导的教育理念之一，兴趣为先的 MT 团队模式，也是基于'尊重学生'的校园文化背景。"他说："相信尊重的力量，学生能做的事全部还给学生，当学生感受到充分的尊重时，他就以更加自律来对得起这份尊重。作为一所栉风沐雨的近百年名校，不仅仅为了排资历、堆名次、喊口号,而是真正把学生素质发展放在第一位,把面向未来的人才培养放在第一位,把学生的发展需要放在第一位,把为学生创造价值放在第一位。坚持做高品质教育,所行知路,砥砺前行。"短短的几句话,体现出二中当家人的教育情怀、教育格局,体现出一位教育引领者的超前思维和行事作风。

自主学习,终身发展,自由思想,这也是我三年里所学到的最珍贵、最有价值的东西。

有人问我在二中就读是怎样的体验,我想所有人都会和我一样感慨万千,无法一言以蔽之,可纵有千言万语,也不见得能面面俱到地回答出来。

我相信所有二中学子都和我有同样的经历,无论身处何方,说出母校是二中的那一刻,总会收获无数赞美、羡慕、钦佩的目光。我听外界对二中学子的评论,最多便是"大气"二字,的确,这样的山海文化,孕育的二中人,兼有山的深邃与海的博大。

校园春日(赵斌 摄影)

向往（丁晓然 摄影）

雪天傍晚（丁晓然 摄影）

3.2　二中是著名高校青睐的学校

　　二中是一所育人方式与高校人才培养衔接最为紧密的学校,换句话说,二中是著名高校青睐的学校,更准确一点说,二中学生是各著名高校看中的"潜在客户"。这不是说说而已,每到招生季国内50多家一流院校招生负责人齐聚二中,不仅是参加"新高考背景下的自主校园生态构建——走进自主开放的青岛二中"中学教育改革实践系列研讨会,他们还肩负着另一个任务——和二中尖子生来一次亲密接触,既把自己高校的特色描绘给"潜在客户",也为后续高校招生掐尖选苗,让"潜在客户"坚定报考该高校的信心。类似活动每年都要进行,国内著名高校进入二中宣讲,目的就是抢占优秀生源。国外名校也不落人后,offer(录用信)纷纷送到学生手中。

惊艳(赵斌　摄影)

二中的"世界之眼"(赵斌 摄影)

3.3　二中的互联网＋教学独领风骚

　　二中借助 Pad,落实互联网＋教学,不搞花架子,真抓实干,多年来成果颇丰,成了全国教育战线参观学习的榜样。回想 Pad 教学推行之初,可以说阻力重重举步维艰,没有几个人能理解孙先亮校长的教育前瞻。可能是教育惯性使然,老师们也在慢慢地适应中。随着时间的推移,Pad 教学的优势渐渐显露出来,教学时使用的次数越发多起来,老师们的操作也越来越熟练。一场突来的新冠疫情,改变了传统的教育方式,把 Pad 教学推向前沿。这时的二中优势尽显,疫情期间,老师们在家利用 Pad 网上进行上课、答疑、作业批改、考试等各项操作,既不影响教学进度,又能实时掌握学生的学习情况。直到这时,师生才理解孙校长的教育智慧,才安心享受互联网＋教学带来的红利。

再来听听孩子们的心声："记得刚入学时,人手一个 Pad,装有一套先进的学习软件。处于兴奋中抱着它爱不释手的我没有意识到,它成了我三年来最亲密的伙伴。有了它的存在,烦琐的学习任务变得有条不紊,堆积成山的试卷被压缩得小巧玲珑,就连请教问题也无须东奔西跑,只需轻轻点开对话框,知识便如同清泉般涌出。正是飞速发展的现代科技,为这种独特的学习方式提供了可能,这种可能在青岛二中,才使我领略了传统与现代、学术与大众有机融合的无穷魅力。"这是 2020 年考入北京大学的王子昊同学的心里话。

3.4　二中是一所给人无限可能的学校

有人说,二中是一所给人无限可能的学校,有这么神奇吗?听听孩子们怎么说:"从青岛二中来到了北京大学,一切都是全新的体验。见识了北大内部的激烈竞争后,我更加明白了二中到底带给我了什么。"给了你什么呀?关键时刻怎么停顿下来了。原来,这是考入北京大学的王子昊同学,在入校一个月时间后发出的感慨。得益于二中多元的发展经历,让他更加清楚自己的目标定位,正确应对来自方方面面的压力,学习成绩好的同时,还不忘提醒自己在其他方面努力提升。

进入北京大学的韩美希同学,在开学不久的学生干部选拔中当选为班长。这本是平常之事,可她说:"令我感受最深的,是我作为'二中人'来到大学的天然优势。"这句话耐人寻味。正是二中三年的历练,才使她进入大学后如鱼得水应对自如。"高中三年,在二中经历过的、小部分人看来'没有用'的瞎折腾,成了我步入大学胜过同龄人的优势,这就是二中倡导的学生个性发展。"作为大一新生的韩美希同学,已经被批准加入学院实验室工作室,与博士生一起参与到虚拟演播厅的运营之中。

原二中学生会副主席,模拟世界经济峰会负责人房珊曾说:"参加社团活动与学习确实会有冲突，但是社团活动可以有效放松自己，提高学习效率。处理好了也不怎么耽误学习。何况频率不是很高。通常两周一次。考前两周这些课外活动都会停。"房珊认为社团活动很锻炼人，最大的收获是不依赖老师和家长，可以自主解决问题。性格也变得更大气外向了。周围的同学都各有所长，学习氛围很浓郁，都比着谁做得更好。

刚毕业升入大学的学生在给老师的来信中说：

来大学两个月啦，总体来说过得蛮不错。如传说所言，大学的环境非常宽松，没有晚自习，没有一直管着自己的老师，没有每天查寝的宿管大妈，甚至连班里的同学我都没有认全还蛮不适应的。来这么久，最大的感受就是二中真的是一所很培养人的高端学校，和祖国各地的学生比起来，我们是各方面都较出众的那部分人。

二中给了我锻炼的平台，让我在面对大学繁忙冗杂的工作时能够有条不紊地上手。二中给了我广阔的社交环境，让我在高社会化的艺术院校里有办法和不同的人搞好关系。二中给了我过人的学习能力，让我在大学相对不浓厚的学风沐浴下仍然可以在有限时间里不丢下课业。

来二中之前，我没拉过赞助，没办过协会，没搞过模联，但是来到二中，我突然发现我的野心何其大，我的志向何其远。第一次拉赞助我学着和成人谈方案，第一次办协会我试着和别校校长谈合作，第一次参加模联我买了第一身西装。二中给我的自由和舞台告诉我这样一个道理：自己创造机会，自己实现梦想，二中让我有勇气把我看似天方夜谭的怪念头付诸实践，二中让我有能力在以后的日子里充满自信迎接一切挑战。因为我在二中有过的经历会成为我未来道路上最好的垫脚石。

生活在二中，学习不可能是你的全部，你的青春里还有各种各样的选修课，摄影、动漫、书法，甚至还有让（前联合国秘书长）安南发来贺电的模拟联合国……

漫步校园（赵斌 摄影）

3.5 二中每天一节体育课切实践行素质教育

二中坚持做到每天一节体育课。这件事看似简单,做起来却不易。一要有理念支撑,舍得让学生花时间锻炼身体;二要师职到位保证安全,但二中做到了。就拿师资来说,一个级部六个团队十几个班同时上体育课,体育老师有不小的压力,除了备课上课外,师资不足是最大问题。走班选课满足了不同层次的需求,三大球、三小球、搏击、太极拳、旱地冰球等 14 门体育课的开设,给本来就专业有限的教师提出挑战。没办法,为孩子们天性释放,师资不足就社会聘任,以保证体育课的质量。

"这既可以完成国家课程所规定的体育教学要求,同时又可以让每个学生根据自己的兴趣,选择一项适合自己的体育技能进行学习。体育锻炼对于学生而言,不只是精力和体力的保障,锻炼还增加了新的脑细胞数量、增加了细胞规模和脑源性神经营养因子,也提高了大脑中神经递质及生长因子的水平。运动既能够提高学生学习的注意力和迅捷反应的水平,同时又可以改善大脑的思维能力。"校长孙先亮说起来总是滔滔不绝。

"从小不爱活动,不是缺少运动天分,而是缺少运动机会。初中时每周两节体育课,很多时候被主课老师占领,有一搭没一搭地也算上了三年,一直没提起兴趣。考上二中,一天一节体育课,还要选课走班。我依据自身条件,选择了一点都不了解的排球。不知为什么,竟然渐渐地喜欢上它了。课堂上仔细听老师讲解动作,然后按指令和志同道合者,把分解动作熟练起来。体育课后,文化课学习累时,就一个人拿个排球对着墙壁练习,既放松了身心,又提升了技能增强了体质。不知是否和体育锻炼有关,我学习起来精力更加集中了,效率也更高了,现在,越发喜欢体育课了。"这是一位高二学生体育课后的感悟。

"小时候留下的印象是,跳绳应该是女孩子的专利,没想到,二中选课走班,竟然可以选择跳绳。可能受爸爸跳绳的影响,我选择了它。开始时,动作不协调,引来周围同学哄笑,可我偏不信那个邪,体育课上课下都坚持练习,四个星期下来,我一分钟能跳 150 个,我给自己点赞。"毕竟艺多不压身,多一项技能就多一种选择,多一种交流的机会。

"在清华有句话——'无体育,不清华',3000 米几乎是每个新生头上的达摩克利斯之剑,我却因得益于二中每天一节的体育课,比其他新生更快适应了清华的节奏。"2020 级清华大学本科生于骏浩说道。

3.6　二中是一所不加班加点的学校

二中不加班加点,这是几十年来的坚守。师生需要休息、需要调整、需要感悟、需要回味，规范的休息时间给这些提供了可能。作为一种办学准则，一种教育坚守，能在如今的教育环境中延续下来，确实需要勇气和魄力。

"在二中，学生有充裕的自习课，合理的休息时间，法定节假日按国务院放假通知放假（三个年级皆如此），大把的时间交付给学生，就是为了培养学生'自主学习'的能力。

让人愧疚的是，浅显的道理、学校的办学理念，我很晚才领悟，虽有些光阴荒废的惋惜，却庆幸自己的亡羊补牢。终身发展虽是一种倡导，却用心良苦，足以让许多人穷极一生去追求。

青岛二中的生活已经让我搭起了终身发展的框架。基础打牢了，以后就是添砖加瓦的事了。"以上是毕业于二中的学生魏震的一席话。

是什么原因使魏震发出如此感慨呢？原来魏震在二中期间，已经有了节水环保型"可控排水三通"国家实用新型专利。一进入大学，不仅社团活动游刃有余，而且科研课题的研究进展顺利。

秋（赵斌 摄影）

　　"二中孩子公认的学习好,但是二中不是那种没事就加课的学校,甚至中高考大假之后都没有强制上课的情况。这不是说二中孩子不努力,而是学习不是以牺牲时间为代价,也不是与多学加课画等号。你可以自己努力学习,但是二中不会强制你啥时候学习,比起某些学校周六周日动辄就加课自习,二中给了我们很大的自由,想什么时候学习就什么时候学习,怎么学习效率高就怎么学习。"这是毕业生曲晓音在他的《毕业有感》日志中的一席话。

课后交流

3.7　二中是初中毕业生热衷报考的学校

选择二中，就是选择平台、选择机会、选择资源，同时，也意味着日后的时间统筹、各种压力的应对、各种挑战的化解，需要你的综合实力。在二中不缺少机遇，就看你怎么争取，不缺少挑战，就看你怎么面对。

听听孩子们的心声吧："考上了二中全家为我高兴，我也一直处在兴奋之中，很长时间都不能平静，我把初中的'傲气''霸气'移植到了高中，不懈怠，争上游。因为不知道二中的学霸们究竟霸到什么程度，我没有资格停下来，把学习当快乐，一直高兴地学习着。"

刚考进二中的学生说："我试探性地走近你们的生活，你们却紧紧地把我拥抱，遇见你们之前我一个人迎风奔跑，遇到你们之后我再不是孤单一人。"

毕业生说："三年之前，我不认识你；三年之后，你成了我心中永远的色彩。"

"二中不是一个你毕业就想骂它的学校，你的许多回忆定格在这里，你的成长历程记录在这里，你经历过的一切，尤其在经过对比之后，显得更加美丽和难忘。"从二中走向高等学府，曾经在二中的所思所想所学，使他们在高校生活学习得顺风顺水，"经过对比之后，显得更加美丽和难忘"。有此感悟确属正常。

"现在想想，中考时的坚持是多么正确。爸妈认为我是一个活泼有余自律不足的孩子，报志愿时推荐报其他学校，初中老师也和爸妈持相同观点，可我的目标早已在心中住下，非二中不报。因为我的成绩我清楚，一家人僵持好长一段时间，最后爸妈'投降'。现在看来，当初的选择是多么正确，中考分数出来，正好踏线，一分不多一分不少，就这样昂首挺胸地加入二中大家庭，如果不是当时自己的坚持，恐怕一辈子再无二中情节。"这是刚考进二中学生的心里话。

　　"刚刚参加完毕业典礼,百感交集。"走出毕业典礼现场的魏震同学感慨地说。一场毕业典礼,高端、大气、上档次,每个环节都蕴含创新元素,有流程但不流于形式,走程序却不忘创新,让经历过的学生、家长感慨不已,二中就是二中,就是不一样的感受。"回想起在二中的点点滴滴,我一直在思考一个问题,为什么二中是青岛最好的学校,没有之一?"

小桥流水(赵斌 摄影)

第四章

我和我的同事们

　　青岛二中有我可爱的同事，他们执着、勤奋、诲人不倦、精益求精，他们对教学能悟其精华思考提升，精雕细琢后的独到见解，总能赢得同行的广泛赞誉。正如孙先亮校长所说："做教师尤其是做一名优秀的教师，不仅是能够把课讲得漂亮，让学生如痴如狂，还应该坚持不懈地思考，把隐性的教育经验显性化"。我觉得，二中教师做到了。

数学发研室合影

4.1　同事老于

　　午饭后，从教工食堂出来，正好碰到人文 2 班的导师于卓林，我们都亲切地称呼他老于。他比我小 1 岁，也是奔六十的人了，在导师队伍中，他年纪最长。老于语文课教得顶呱呱，同行中一提起他，都竖大拇指。满脸的络腮胡子，是他的标配。几十年的教学生涯不见沧桑，只有干练与激情。做导师越发的倜傥潇洒,学生们喜爱的不得了。说话时的嘿嘿一笑,给人一种不拘小节的范儿。

我是老于班数学课老师,作为任课老师,时不时地向导师汇报班级学习情况,交流教学的心得体会,谋划孩子们的发展愿景,已成为两人相约与偶遇时绕不开的话题。

前几天,因为感恩节"事件",我在人文 2 班同学面前"黑"了他一把,还告诫同学们要"保密",千万别让导师老于知道了,要不然,他是不会放过我的。

事情起因于人文 2 班同学感恩节写给我的心语,实际上是同学们随兴率真地感情流露,我读后深有感触,于是就动笔写了短文作为回应。有几句话是这样说的:"你看他嘚瑟的'熊样',你看他的胆肥的,好像人文 2 班的数学是他教的似的。"这句话,孩子们愣是没敢读出声来。

"你飞吧,你飞呀,你飞不起来,有身上的'注水肉'当配重,已不允许你在云端跳舞,只希望你在地上漫步;你'膨'呀,你'胀'啊,膨胀到一定程度是要爆的,迟早有一天你会理解数学中'极限'概念的深刻含义。趁早,我离他远点,免得伤着,失了和气。"这是原话,没有任何修饰。实际上,我把满满的爱给了人文 2 班,话里话外都是自豪。

我跟人文 2 班的同学们说,我不是怕老于知道这件事,也不是怕他这个人,而是怕他满脸的络腮胡子。你想啊,他的胡子不一般,那可是智慧的体现呀,随便拔下两根就是"二胡",这把"二胡"既能把你"拉得"神魂颠倒,也能让你痛不欲生,这胡子,厉害呀。所以说,没事的话不要招惹人送外号的"于大胡子",听"二胡"独奏不是享受。

一天,我和老于又相约谈最近人文 2 班的情况。我和老于边走边聊,话题无外乎作业、听课、学习状态、自主意识、心理健康、考试成绩等诸方面。我在认真地汇报,他在专心地倾听。他回应时总是用"是嘛! 好的! 我说嘛! 应该! 谢谢!"等简洁语言,显得干脆利落。

平时,老于说话不这样,每每跟他提起人文 2 班,他的话要远多于我,毕竟语言是他的长项,加上他是导师,更了解团队的人和事,一旦"拉"起来,总是如故事般一套一套的,想不听,难!因为"二胡"一旦开拉,想收也是难事,不服不行啊。可今天,他却惜字如金,矜持许多。

突然间不见了他的"膨胀",连说话时的"嘿嘿"声也听不到了,络腮胡子不见了飘逸,我倒开始不自在起来。

假,有点假,他怎么可能突然间沉稳了起来?不可能,一定有事,他在试图隐藏什么!难道我文章中的话刺激到他了?不应该呀,像他这种"大人物",这么有"范"的一个人,怎么会因为一两句话而受到影响呢。

不管他,我还是有条不紊地发表着观点。我说人文2班的孩子,整体是很出色的,不仅在智力上,而且在自觉意识、学习劲头、刻苦精神上都是值得称道的,只要加以引领,定会考出好名次,考上理想的高校,冲刺清华北大等名校也不在话下。

当然,我也没忘了给他点赞。"人文2班的今天与你的引领付出是分不开的,你是有功的。"话音刚落,他的身体居然一高一低地抖起来。怎么个意思?

看他愿意听,我越发起劲。接下来聊的话题,可能说到了老于的心里,刚才还一本正经的脸,竟然"不正经"起来,他笑出了声,看来话题还得说到点子上。

他回话也变得长了起来:"嘿嘿,是吗?""嘿嘿,我说这孩子是会进步的,怎么样!我说得没错吧!""这孩子就是清华北大的苗子,一定要多关注。"他再三地叮嘱我。"嘿嘿,这孩子的个人修养非常高,家教非常好,特别是有一颗为班级服务的心,绝对是个好孩子。"导师老于开始"荡漾"起来,话渐渐地多了,他开始被激发,前奏曲响起。

两人有说有笑交流得越发深入。我越说人文2班的好,他的笑声越爽朗,不加掩饰的笑声越爽朗,受影响的我说得越起劲。他有些飘飘然,"老狐狸"就要露出尾巴了。

　　他全然不顾同事的存在,竟然伴着"解放区的天是明亮的天"的校园音乐,大跨度地扭动起来。

　　"谁的鞋掉了",不知谁吼了一声,把老于喊回了现实,他冲我"嘿嘿"一笑说:"对不起",接着他往回走找鞋去了。

4.2　绝非偶然的出现

　　周三上午,第二节有课的我,在办公室,没着没落地熬过了第一节课。铃声刚落下,我迫不及待地收拾好教案,带上 Pad,快步如飞般的走入了人文2班的教室。说不出什么原因,但就是喜欢这帮学生,就愿意给他们上课。这不是瞎说,本来不该他们的课,却几次三番地走错教室,有意无意地走入人文2班就是最好的证明。

　　刚入教室,期待上课的心还未平复下来,课代表却给我送上一张纸片。问是什么,答曰:内涵丰富。再问为什么送"如此大礼",答曰:感恩周,小秘密。

　　拿在手里,端详一下,是张名片,但不够精致,原来是将两张名片用透明胶加工做成的"新产品"。再仔细观察,上面有"青岛二中城市化发展委员会文化创新部"的标识,右下角几个不大的字让我有了几分清醒:"因为有你,心存感激。"原来呀,感恩节就要到来,孩子们感恩的心已经兜不住开始自然流露了。不知是谁在第一张名片上开了头,一发不可收拾地写了满满两版。

　　"您的数学思维层次和高度令我敬佩,人文情怀令我感动,幸有良师启发相助,我必蟾宫折桂。"有此信心为师自然欣喜,折不折桂暂且不说。我倒是希望,写此语者若是男生,能蟾宫迎嫦娥。若是女生,广寒糕甜心的同时,将来能有如意郎君陪伴。

　　"一只受伤的飞镖"说:"老师,您的天然萌,自然乐,让我们对数学学习充满了乐趣与干劲。"若果真如此,我愿永远萌下去,乐此生,萌出水平,乐出别样年华。

"老师,您的双眼皮真好看。"这是真话吗?我是双眼皮?别闹了,我自己都怀疑。我激动地在办公室找多位老师求证,老师们的意见不一致。说:"于老师,您闭上眼睛午休的时候,没见过您双眼皮好看在哪里呀?"噢,我这才明白,睡觉时,应该睁大眼睛,否则,自己的美别人就看不见了呀。

"自从遇见您,我全都明白了。"孩子,你要注意了,你把话撂下了,不轻不重的,你什么都明白了,还要我这个老师干什么呀,我可离下岗不远了,拜托你,再"糊涂"一年半载吧。

"其实,我们真正喜欢的不是数学,而是教我们数学的那个人"。悄悄地告诉你,教你们数学的那个人我熟悉,这样吧,我给你个保证:如果那个人教你们数学时,敢不全力以赴,有偷奸耍滑的现象,告诉我,我替你收拾他。

"章章,我爱您,会好好学数学的。""章章,辛苦了。""敬佩您,热爱您,感谢您……""老师,谢谢您;老师,我爱您……"这话说的,都是自己人,客气什么呀!谁跟谁呀,我也会好好教数学的,我爱你们!

知道吗,我喜欢你们这个集体,喜欢这个集体中的每一个个体。喜欢到什么程度?告诉你们吧,喜欢到不忍心当面夸奖你们的程度,不是怕你们如何,而是怕我自己骄傲。想真情流露的时候,就只能找你们的导师,也就是我的老于交换一下意见。有一次课间,我对他讲,人文 2 班的孩子可好了:"懂感恩,讲规矩,爱学习,乖乖的,那个作业做得整洁呀……"我的话还在继续的时候,只见老于高兴时惯常表现的特征——满脸的络腮胡子已经不听使唤,开始跳起舞来,他的嘴一咧一咧的,虽没出声,但其腮帮子肌肉有规律地颤动着,已经把骄傲的神色表露得一览无余了。我仍然像刚才那样,拉家常般的流露着教人文 2 班的真情实感,他也试图更坦然些,可他的心已经被人文 2 班占据着,再矜持已经不可能了。始料未及的事情还是发生了。他竟然随着校园喇叭播放的"沂蒙山小调"和出声来:"人人那个都说哎……人文 2 好……人文 2 那个团队哎……好风光……""什么! 他唱起来了,我的天哪!"我吃惊地看着他。他没把我的存在当回事,仍沉静在他和人文 2 班的世界里,就这样,他"膨胀"着。太明显了,太不内敛了,太张扬了。

"全是数学,全考满分,全都明白,全都爱您!"孩子呀,我也爱你们,不过你都兜了,别人还怎么活呀,给别人留条活路吧,哪怕是留一条缝隙也行啊!

"感谢老师,有幸收到您的著作,老师连文笔都透着风趣可爱呢!"是真的吗? 有吹捧的嫌疑。我咋就没发现自己的长处呢! 现在我才明白,当事者迷,旁观者清的真正含义。你是个有心的孩子,请继续挖掘老师的长处吧,并加以总结和升华,老师惦记着呐。

"老师,我超级喜欢您。"其实,你说的是我的台词,我超级喜欢你们,真的,"超级喜欢你们"。

"您是我学数学的动力! 遇见您之后,我对数学仿佛'恍然大明白'。"这话没毛病呀,但希望把"仿佛"二字去掉,我始终相信一点,就算你不恍然,也会大明白的。

"您是我见过的语文最好的数学老师。"这高帽戴得我心里舒坦,可是要知道,语文最好的数学老师应该是我的追求。这话要是我来说应该是这样的:"你们是我见过的最愿意学习数学的人文班级,对数学的执着令我感动,我对你们充满期待。"

"虽然我会这道数学题,成绩也上不了 140＋1。"孩子呀,别难为自己,上不了这个数不要紧,咱把后面的 1 去掉,考 140 分还不行吗? 放平心态,学会知足,这世界上总有不如你的人,因为"当你哭泣没有鞋子穿的时候,想想有些人却没有脚"。

突然想起一句话:"不管事情开始于哪个时刻,都是对的时刻",这话说得多有哲理呀,今天这个时刻,是再正确不过的时刻。真的,"无论你遇见谁,他都是你生命中该出现的人,绝非偶然,他一定会教会你一些什么"。看来,你我因缘相识是天经地义的事情,彼此绝非偶然的出现。

4.3 午后阳光暖心房

有件事没兑现，让我不能释怀。在别人看来不算事，但于我，却放在了心里，不写出来仿佛对不起人文 2 班的助理导师冯丹。

一个月前，我和刚接手的人文 2 班的同学之间，因感恩节小卡片寄语，擦出了一点火花，怕故事因时间推移而淡忘，赶紧以"绝非偶然的出现"为题写成文章记录了下来。

表面看，这件事和人文 2 班的助理导师冯丹没什么关系，实质上，字里行间记录的人和事都是她所关注的。"好事"的我，为了"显摆"一下自己，把打印好的文章，在监考行进的路上，给了碰巧遇上的冯丹老师。

没想到，冯老师竟敢置学校"规章制度"于不顾，监考期间不仅"违规"阅读了该文章，而且还做了与考试"无关"的事——写了读后感。

让人瞠目的是她摒弃了女性的矜持，"一直咧着嘴，笑着"。就这样，她不仅把文章读到了最后，而且还流了泪。真的，"读到最后，竟情不自禁地落了泪"，这是她的内心真实的想法。真应了那句话："缘分是本书，翻得不经意会错过，读得太认真会流泪。"

按说，文，读就读了；泪，流就流了；规，违就违了。别留下证据就行。可她不同，竟然写出来了，还白纸黑字地放在那儿，有个性吧。她为什么流泪呢？是文章打动了她吗？不，因为她对人文 2 班爱得深沉。

"我怎么如此幸运，遇到这样一群懂事的孩子；我怎么如此幸运，遇到了您这样完美的老师——"她想作诗吗？不像呀。到底是助理导师，说出话来让人美滋滋的，那种女性的柔和美让人舒心。第一句是我想说没说出口的话，搁在助理导师的位置上，成了感情的自然流淌。第二句话，让我已经飘飘然找不到北了。

她继续给我戴高帽："德高望重，又如此平易近人；才华横溢，又如此幽默风趣;有水平,有经验,又有真情、有真爱!"这些用语压根和我不沾边,我就是一位老师,认认真真地教课而已,既无横溢之才,又缺幽默之风。说到德高望,我哪有资格接受,冯老师真敢写!

没想到,一位年轻教师,表扬起人来"火辣辣的",既不"留情"也不"手软"。

她还非常"谦虚",甚至有点"自责"地写道:"不幸的是,我是英语老师中语文学得最不好的一个,笨拙的言语根本无法表达我内心无比的崇拜,感恩、感谢!"大家评评,这是笨拙的语言吗?这像语文水准不达标的内心表达吗?更让人不能接受的是后缀的感恩感谢,感谢谁呀?都是一个战壕的战友,客气什么呀!

接手人文2班之前,和冯丹老师没有交集,既不在同一年级,又不教同一个学科,彼此间生分不少。有一次,偶然坐在一起,谈到工作,还胡乱地指点了一番,现在想来真是可笑。其实,冯丹老师早已融入二中这个大家庭。

教同一个班级之后,也仅仅是从导师老于那里知道了助理导师冯丹的做事风格,扎实,肯干,有爱心,愿付出,主动,热情。后来偶尔的碰面交谈,感觉导师老于评价中肯,难怪学生们那么喜欢冯老师!

写到这里,心情舒坦了很多。赠人玫瑰,手有余香。将冯丹老师的话送还给她:"千言万语化为最简单,也最真挚的三个字:我爱您!五个字:谢谢您的爱!祝一切安好!"愿类似的"午后阳光"能温暖每个人的心房。

4.4 尚尚辞职了

尚尚姓高,女性,是数学发研室的一位普通老师,2007年7月入职二中。入职前几年在山上国际部教学,给韩国学生教授高中数学。因工作关系,结识在韩国部教学的韩籍教师大焕,二人结缘,组建家庭,幸福美满。后回山下,在二中本部教学,三个年级的课她都能教授自如。

尚尚具有女性的柔美,说话不紧不慢,仿佛要紧的事都和她无关。正是具备这样的优点,尚尚写起文章来也是条理明晰,虽做不到信手拈来,起码不必挖空心思。她在代表数学发研室,参加学校组织的"读书 做有情怀的老师"发言中写道:"不知从什么时候起,想要静静地靠在窗前,捧一杯热茶,伴着清风细雨,毫无目的也毫无牵绊地长读,已经是一件远为奢侈的事。我们每个人都在忙着已经习惯的忙碌,不敢放慢一步,也不敢怠慢一点,那种幽幽暖暖的书香味道,已经离我们越来越远了。"话虽这么说,她还是捧起了《呼兰河传》。

尚尚是个有心人,教学更是如此。她在自己的文章《区分而无偏见——营造男女生和谐课堂》中写道:"对于比较困难的问题,女生更乐意与同伴合作完成,而男生更倾向于独立思考。采取分组探讨的方法,可以培养男生与别人合作的习惯,并让女生从合作过程中找到合适的解决方法,逐步建立信心。但是要避免给女生过多的照顾,让她们形成依赖性,鼓励女生积极主动地参加动手的活动,并大胆地表达自己的想法。偶尔可以让男女生用比赛形式竞争,给女生展现自己的舞台。虽然男孩和女孩谁也不比谁聪明,但是他们在学习和行为表现上有各自不同的优势和劣势。"看出来了吧,她是很有想法的一个人。

教书十二载,已有成型风格,按说,接下来的路应该坦荡自如,她却在考虑辞职。这事对年轻人应该不算问题,但对已是两个孩子的妈妈来说,取和舍之间还需做些平衡,只有"课"备好了,才能上出精彩。

因两个孩子分属不同国籍,又都到了上学的年龄,孩子受教育成了妈妈首先考虑的问题。就这样,尚尚提出了辞职。同事们虽没惊讶,佩服的表情还是没能藏住。

今晚,同事们和尚尚集体话别,大家要我说几句话。考虑到是正式场合,出于尊重,还是写下来为好,故落笔示谊,才有了下文:

心里话　祝福语

尊敬的各位老师，各位同事，晚上好！今晚全组老师济济一堂，为欢送高尚尚老师而小聚，也为尚尚将要开始的新生活送上祝福。在这里，我代表数学发研室的所有同仁，给高尚尚老师送上最诚挚的祝福，最真切的问候！祝尚尚一切顺利！

尚尚是一个漂亮活泼的女孩。2007 年 7 月从青大研究生毕业，以双语数学教师的身份进入二中。想当年，对她的选拔显得格外重视，既有专业评委的审视，也有外语评委的肯定。她的淡定从容，她的学业水准，征服了各个层次的评委。就像她文章中所写："怀着三分骄傲七分敬畏"进入了二中。现在看来，她的选择是对的，二中的选择是正确的，尚尚的实力已经证明了这一点。

进入二中，尚尚在国际部上课，一上就是好多年。因工作需要，其间，山上山下的课同时兼着，这对她来说会有不小的压力，毕竟山上的课和山下的课要求不同，教案也不一样。面对这种"上山下乡式"的工作状态，她却能做到乐此不疲，从没提过不爽，更没有过怨言，扎扎实实工作，踏踏实实做人。就是这样一位好姑娘，还未等中国的男孩考虑好，韩国的小伙大焕先下手为强，尚尚就这样收获了国际爱情，组建了自己温馨的家庭，生下两个可爱的宝宝。

正式回归到二中的教学岗位，尚尚仍带着姑娘时的羞涩，在办公室不多言不多语，对学校安排的所有工作，都能愉快接受，面对各种挑战，她都能在自己的能力范围之内想办法做好。

就拿全国的数学(手持技术)教学工作会议来说，尚尚在青岛大学国际交流中心的舞台上，给青岛给二中挣了光。当时出现了意外的情况，北师大曹教授带的翻译不能按时到位，问二中数学能不能出一位高手，现场翻译美国数学教授的讲话。我一口答应下来，因为有尚尚在，我有底气。记得当时，尚尚还在老家济宁度假，无奈之下招她火速回青，承担她事先毫无思想准备的翻译工作。就这样一位大胆的姑娘，在诸多中外数学同仁面前，在青大国际交流中心的舞台上，留下了让人难忘的印记。事后，曹教授竖起大拇指夸赞道：想不到二中数学组还有这样的老师！一听这话，我那个骄傲啊！

在尚尚的文章中，我发现了一段她的心灵感悟："孩子们给我的最初的感动始终记忆犹新，让我在这十余年中不曾后悔，不曾放弃。无论是中国孩子还是外国孩子，他们身上永远有我们看不到的闪光点，值得我们学习，等待我们发现。"这就是不够高大的尚尚，这就是足够高大的尚尚。

发研室的工作千头万绪，需要大家贡献聪明才智。尚尚为组内写报道，代表数学组参加过辩论赛、阅读比赛等各项赛事活动。特别是担任工会组长期间，更是勤勤恳恳无怨无悔地为大家跑前忙后，她把欢笑留给大家，把困难留给自己。她就是这样一位最普通的老师，一位勤勉的教育工作者。

和尚尚在一起打拼，虽平淡随意，却留下了默契。不经意的点头，偶尔的问候，让大家的友情加深了许多。经年累月的上班、下班，早已把这种友情装满了抽屉，为了日后的回味检索，彼此已经藏起，目的就是让它保鲜、长久。

尚尚辞职了，就要离开她心爱的岗位。但是，我们一起的快乐欢笑会永驻心中。希望尚尚能在空余时间来二中走走看看，毕竟有一帮同事给你留下了念想。大家仍然愿意陪你在静思湖边观景，林荫大道散步，慈龟山边赏秋，植物园里期待春日萌动，一切的一切，还会照旧。我们在呼唤，尚尚归来吧！

悄悄地你递上辞职信走了，正如你悄悄地揣着报到信来。虽没带走一片云彩，却带走了同事们不尽的思念。

祝愿我们的尚尚在未来的生活中顺风顺水！家庭幸福，孩子健康！

愿每一位在座的同仁，都能吃好喝好！多生孩子少做题，身体健康没脾气！

2019 年 2 月 27 日于大公岛酒店

4.5 2019年冬季发研室跳绳比赛有感

数学发研室参加学校冬季跳绳比赛的人选终于确定下来。周三下午人员齐整,在体育馆进行了赛前仅有的一次场地适应训练,因为难得,大家都倍加珍惜,训练起来也格外认真投入。

周四下午,工会组长张羽在群里通知:比赛3点20开始,为避免运动受伤,请队员提前下去做准备活动,欢迎其他老师暂时放下手头工作,到现场给运动员加油助威!

没有催促,无须招呼,队员按时来到场地热身,就连没有项目的老师,也是早早来到体育馆,等待比赛开始的那一刻。

哨声响起,比赛开始,多个发研室同时进行的比赛现场,人声鼎沸,吼声阵阵,都在为各自喜爱的队伍呐喊。

两分钟的比赛很快结束,大家静待结果。片刻后,群里公布比赛成绩,第一名:数学发研室。

这是多么令人高兴的事情,数学发研室的群沸腾了。工会组长说:大家辛苦了,好几位老师还带病参加,太不容易了。摇绳队员麻连翰老师说:摇绳的,心平气和;加油的,摇旗呐喊;围观的,心惊胆战! 更多的老师是点赞祝贺。孙晓红老师提醒我:头啊,群里没看到你的发言。一句话提醒了我,坐下来马上落实。于是,才有了如下的感言:

一次集体活动结束了,激动人心的时刻却留在了老师们的脑海中。尽管体育场馆够大,却难以容下老师们的激情。有老师身体不适,处在感冒发烧中,可为了集体荣誉,不想失去两分钟的场上比拼,当仁不让毅然上场,那种舍我其谁的豪迈,还是能深深打动人的。没有项目的老师,也是场上队员的忠实粉丝,就连做拉拉队员,也让其他组室侧目,这就是数学发研室。比赛中,孙校长、李书记的目光就没有离开我们这个团队,难怪赛后一直竖大拇指,对大家的表现赞赏有加。最后的比赛结果想必都已经知道,这既是场上12位老师少年功夫的展示,也是齐心协力辛苦付出后的结晶,更是全组老师共同期待的喜悦。数学发研室就是冠军,冠军就是数学发研室。这真是:

场上场下两忙忙

不思量

标难忘

矫健身影

绳间荡

少年功夫在

何惧上赛场

纵有不慎又怎样

挺直胸

向前方

脚下仍生风

豪气还如常

目光聚集处

看我击掌

待明年

再续新篇章

4.6 我所认识的贝妮

贝妮姓周,高二数学集备组的一位普通女老师,研究生毕业,年轻、漂亮、有活力。教学舍得投入,愿意用自己所学倾力教给学生。在办公室,同事遇到电脑方面的困惑，招呼她一声，总能得到解决。学校或组内有工作安排，只要能用上她的，她从不推脱，一声"好的"，就会让人安心。

我和贝妮在一个级部，对桌办公已有些时日，工作时间抬头不见低头见，业务交流随时都能进行。

她的工作状态怎么样，我应该最有发言权。她的备课，认真、细致、有板有眼，书柜内排列整齐的一摞教案本是最好的证明。

她的课上得如何呢？解答的机会来了："各位老师，本人明天上午第一节课在二楼录播教室进行青年教师比武课，课题是'利用函数图像研究方程根的个数问题'，欢迎各位老师莅临指导。"就这样，我走进了贝妮的课堂。虽不是评委，却能有所借鉴。

本节课的最大亮点有五方面：一是任务单的反馈，由三位同学分别点评，这种方式值得提倡。因为她遵循了教师为主导，学生为主体的教学原则。二是由特殊到一般的问题研究方式值得肯定，教师从三个特殊事例入手，经过学生们的"指指点点"引申出一般情况。三是每个问题的点评都能言简意赅，朗朗上口，恰到好处，比如"求根问题仔细看，分离参数放左边，一马平川放眼去，交点个数自然观"。不止一个题如此，每个题都这样做，也是需要下番心思的。四是学生出题环节，显示出了放得开收得拢的课堂驾驭能力，一般人不敢这样做，她的"胆够肥"，敢在评委面前要大刀。五是学生题目出来，教师没有罢手，不仅分了类，还指出了思考问题的方向。

总评如下：教师的语言柔美、简洁，该简处不拖泥带水，该繁处不惜笔墨。整个课堂师生活动有序，问题设置合理。数学思想之花到处开放，潜移默化中，把数学问题研究的脉络浸润到整个课堂教学的始终。开头抓心，结尾振奋。这就是她的课堂教学。

从一个点能反映出一个面，相信二中选择她是对的，也相信她选择二中，更会为二中添彩。

4.7 绩效考核专家听课有感

一年一度的绩效考核分几个阶段进行,年终,外聘专家组到校实地考察,是考核工作中的重要一环。专家组到来,主要有几项工作:一听校领导汇报,二找老师座谈,三与学生面对面交流,四深入课堂听课,还有其他事项的工作。之所以这么做,就是想掌握一手情况,切实考查学校各项工作,是不是如汇报中所说的扎实有效。

对于课堂听课的人选,采取现场随机抽取的方式,不论年龄,不分年级,这对所有教师都是个考验,因为每个人都有可能被抽到,每位老师都必须做好充分准备。

课前半小时左右,群里发通知,数学听高三于静宜老师的课。这一惊非同小可,整个高三迅速行动起来,都想为这节课出点力,于是才有了下面的记录:

庚子年末,绩效考核,通知早发,准备已做,晓红领备课,多次做解说,任务单下发,课件精制作。相关诸人等,没有懈怠者,虽有样本依,难免再雕琢。

专家如约至,通知卡点到,连翰忙告知,静宜老师课,怕是免不了,作杭老师满屋转,这事怎得了,张羽老师打电话,闫超吕恒忙电脑,都想为此出把力,可谁能替? 倒是静宜老师沉住气,没关系,平常事,能咋地,诸位同事莫担心,看我的。

上讲台,洒洒地,多年积淀,精彩留此地,美玲照片发群里,高磊感悟满满滴,程志陪专家,方方面面妥妥滴。

铃声响,上课毕,担心变多余,绩效考核又过去,优等咱也出了力。

4.8　我们还唱《不放弃》

2020 年,本就不平凡,生厌的疫情,和人类拉锯战。国人齐力,阻击保平安,社会、经济秩序好,各行各业齐运转。

学校与以往,没有不同样,元旦就要来,庆祝不可少,工会组长领任务,元旦要演出。

一层激起一层浪,怨声起理由来,可也没档节目排,教学之余忙想辙,登台演出不是闹着玩。孰轻与孰重,老师分得开,毕竟素质在,谁愿落后排,又是一出好戏期,只待泰山移。

节目选定唱赞歌,二中东迁找素材,照片在回忆有,开篇语涌心头:

> 二十世纪九十年代末
>
> 伴着改革开放的脚步
>
> 一所处在繁华都市的中学
>
> 因应发展的需要
>
> 揭开了东迁的序幕
>
> 老教师说"怀大局,再创业,义无反顾"
>
> 青年人说"学校在哪,事业就在哪,家就在哪,爱就在哪"
>
> 捧一颗赤诚之心的一群人
>
> 携一腔教育智慧,怀揣"责任"与"担当"毅然东迁

朱军老师担重任,他读画外音。节目既开启,周峰老师背景亮好戏。音乐起,主角上,贝妮述衷肠,台步稳语言畅,感染全会场:

亲爱的爸爸妈妈:

来新校区已有些时日了,我深深地被二中氛围所感动,大家把东迁变成机会,并转化成动力,都在想着为学校做点什么。爸妈,我年轻,可我有活力,我不能拉在别人后面,我申请当了班主任,从最基层开始,踏踏实实工

作,认认真真做事,把我在大学所学贡献给学生,贡献给学校,贡献给教育。妈,女儿有工作,要关注几十名孩子的成长,只好每天和他们在一起。您身体不好,要好好照顾自己,我很快就放假了,回家补偿您。

1999 年 12 月 31 日

看似小角色,赢在大场面,得益遍遍练,受益态度关,纵使演爸角色几调换,认真态度从未变,给贝妮点赞。爸爸终出面,怕羞老董后台站:

爸爸理解你,二中的未来就靠你们了!

底气足语言短,好戏还要往后看。高磊春业挺起胸,海涛王亮器轩昂,四人齐登场,你一言我一语,谈现在忆过去,将来更可期:

高:无之海汲仁智品格
刘:慈龟山立山海精神
薛:二中校园荟萃英才
王:为炎黄文明续华夏之风
高:忘不了国旗下拳头紧握
(分)敬教、乐学、育人、报国
(合)敬教乐学　育人报国

又是一阵喊好起,四人精彩留记忆。唱罢一段是一段,前言总要搭后语,20 年前那少年,现今发展了不得:

(程)亲爱的爸爸妈妈,时间过得真快啊,伴随新校东迁已整整 21 个年头,如今的我,早已深深扎根于这片土地,收获着硕果累累,教育初心从未改变,归来仍是那个少年!

2020 年 12 月 31 日

得益学校氛围好,青年扎根牢牢的,个人成长有交代,展望未来更可期。浑厚男声开下篇,再续新传奇:

（董）山高水长

宇土茫茫

东迁的热血依然激荡

一个传奇还需再现光芒

　　舞蹈老师手拉手，服装齐整又统一，面带笑容登舞台，要让青春更靓丽，脚步稳动作齐，一套舞蹈洒洒的，全场观众挺满意，肯定咱又是第一。唱歌四人组，也蛮拼命的，西服加领带还要笔挺的，不管频道和不和，唱歌挺卖力。

　　得益歌曲《不放弃》，全体教师练手语，课间练课后练，回家也得想主意。三位教练现学的，现卖起来讲规矩，虽是分组教各滴，合练还得求整齐，老师各自苦练习，唯恐动作不统一，多日下来好成绩，数学老师没说的。静下心来赏画面，每张都是灿烂的，看得心里美美的。

数学发研室 2021 年元旦一等奖节目合影

一场欢笑成过去，一次联欢成记忆，辛苦也许会忘记，心底却会刻印记。"一群人一条心，再苦再累也愿意。"我们还唱《不放弃》。

特别鸣谢冷霜老师的艺术指导，全体教师的辛勤付出，工会组长张羽的精心组织。

4.9 元旦节目一等奖

2020 年 12 月初，学校通知下来，仍沿用以往的庆祝形式迎接元旦。这一惊非同小可，大家议论纷纷。有的说疫情这么严重，聚集性活动是不是不搞为好。可有人反对说，国内疫情控制得很好，不必为此惊慌。有的说年底了，工作那么忙，哪有时间排节目，正事都忙不完。仿佛这是不务正业。有老师说再怎么演，也没有多少新意，毕竟这种形式已沿袭多年，很难创新，能难超越。可学校没有因各种言论改变主意，倡议大家积极准备，以工会组为单位演出。工作还是在幸福的人仍然享受幸福，纠结的人仍在痛苦纠结中推进。

数学发研室是个大家庭，节目选择要以弘扬正气为主，考虑到男教师较多，节目的场面应该宏大，有气势够震撼才行。于是定下节目前半部分以话剧为主，后半部分歌舞唱主角。多日的苦苦思索，广泛地征求意见，以二中东迁为主线，歌唱 20 多年来学校的变迁，歌唱身边的默默无闻者渐渐成型，定名为《二中东迁赞歌》。

主题有了，剧本在不长时间拿出，主要演员各自分头准备。剧有了眉目，歌舞的选择成了问题。工会组长张羽广泛发动，大家也没想出更好的歌曲。关键时刻，冷霜老师推荐了《不放弃》。

《不放弃》的歌词优美，正好契合主题。对老师们来说，不可为而必须为之的难度在于手语怎么学。张羽分工下去，三位年轻老师闫超、周贝妮、刘美玲不仅自己要先跟着视频学会,还要负责教会本备课组的老师们,待熟练后合练。经时间磨砺,居然沉淀出希望,第一次合练还真挺像模像样,这更坚定了大家的信心,于是,一场见缝插针似的手舞学习在各种场合开展。课间休息有考核,课后学习不放松,晓红在监考时,还被主任提醒,考场上不能练武术,你说可不可笑。

为了烘托迎新年的氛围,仅有手舞操是不够的,冷老师又给量身定制了一套舞蹈,简洁欢快,热闹异常,起到了烘托节日气氛的作用。

上得台来,精神抖擞,数学发研室的节目再一次惊艳全场,获得一等奖。

节目结束后我在给大家发的微信中这么说:"世界各地在疫情的肆意下,都生活得不易,国内来说,没有人能留住岁月的脚步,而我们却留下了美好的回忆。一次辛苦,换来一生难忘的笑声,这笑声来自心底,这就是不服输的数学发研室的老师们的精彩,数学发研室最棒。2021已经和我们握手,新的一年,新的起点,我们一定会再创辉煌,老师们,新年快乐!"

"一群人,一条心,再苦再累也愿意。"如歌词所唱,一次活动就如一盏灯,照亮前行之路,让大家信心更足。

第五章

我的教育思考

　　教学数十载,研讨几多秋。踏上讲台长征始,半百无悔守沃土。就算岁月有变迁,不改信念仍依然。因为我知道,骏马用驰骋回报草原,教师只有热情相拥,才能换来"青出于蓝而胜于蓝"的薪火相传。

　　"耿耿园丁意,拳拳育人心。"我深知,教育是事业,需要去献身;教育是科学,需要去求索;教育是艺术,需要去创造;教育是工程,需要用心铸就。不彷徨,再起航,三尺书案孕情怀,一支粉笔写篇章。

　　话语诉不完对教育事业的忠诚,美篇表达不尽对教育事业的热爱。"一片丹心惟报国",无怨无悔育桃李。我将会在高端教育理念的引领下,严于律己、以身作则、率先垂范、为人师表,真正担负起传播文明、塑造灵魂的神圣使命。教育振兴,责无旁贷。

5.1　教育是一种修行

　　有人说,教育是一种影响、一种态度、一种期待、一种激励、一种交流、一种欣赏,我说教育是一种修行。

　　毕业多年的学生组团来校看我了,其中就有张沛,还带了礼物。我珍藏了之前和他的合影,很精致。

　　2012年的暑假,我参加二中教师培训团,赴牛津大学培训,张沛在该校进修。此时的他已高中毕业多年,印象中师生间联系不多,却幸运地在牛津街头相遇,留下了这张珍贵的合影。

　　故事的起因是,因为下午的培训课结束,离晚饭还有一段时间,我就邀两位老师一起,在牛津街头观景。正在反身往回走的一刹那,张沛不远不近就站在我的身后,两人四目相对惊讶不已。世界那么大,宇宙那么广,师生却能在牛津街头相遇,这种巧合不好预设,我把其总结为教育修行的结果。

　　"于老师,您……?"张沛已经惊讶得说不上话了。我赶忙接过话茬。

"我参加学校的一个交流项目，和其他老师一起来牛津大学培训，在Hertford学院。"

"于老师，我也在牛津大学进修。这样吧，我请您吃饭。"

"谢谢，没必要，我们都是公差。"

就这样，师生在牛津街头留下了这张珍贵的合影。

"于老师！不得不相信缘分这个东西，我一直觉得我是一个很幸运的人，从小到大所跟从的老师，无一不是德才兼备的老师，在我的眼中，您并不像别的老师无时无刻地在敲打我们，给我们压力，但总是在我们最需要帮助，最需要纠正，最需要安慰的时刻，发自内心地给予我们谆谆教导。"

学生的话发自心底，也让从事30多年教育的我敞亮了许多。学生是幸运的，教过这帮聪明孩子的老师也是幸运的。在遥远的异国他乡，一块陌生的土地上，一个喧闹的街道中，师生竟然面对面地碰到了一起，这种机会恐怕可遇而不可求。

且不说作为数学老师的我，算不出该事件发生的概率，就算能算得出来，能在那种场合碰上一面吗？当然，应该为小地球大教育而自豪，可是细想想，这不都是因教育是一种修行的必然吗？

5.2　二中老师给学生批作业吗？

接受过许多"再教育"，也阅读过许多教学案例，真佩服那些超凡脱俗到不用学生交作业，就能让学生考出好成绩的"行者"。不知是心不诚，还是术不达，让人惭愧的是，教学30年有余，离上述程度始终欠"火候"。

不知是学科使然，还是教学"惯性"所致，让学生交作业、试卷，按时"上贡"，始终认为是自然的事情。当然，面对"贡品"还是亲力亲为，"艰苦奋斗"一番后，总能在红色笔迹的圈圈点点中得到一种释然。

作为课代表，我开始了和新老师的磨合期。因为走班的原因，担任两个教学班任务的老师，会面对来自 8 个行政班的学生群体。

新学期伊始，记得老师说，有几个班没有交作业，因为上任老师几乎没抓过平日作业，我也就没有习惯去交作业，所以名单里自然有我们班。

不就是收作业嘛，收就收呗，反正也累不着，按惯性思维，作业收上去老师只是看看，画个圈，批个"阅"，写上日期，然后发下来，作为课代表，套路我是明白的。就算是第一次交上去的作业被批改了满篇，随着时间的推移，老师批改作业的热度也会降下来。

令人想不到的是，老师这一坚持，就是一年整个高三。对课代表来说，我很吃惊。对老师您来说，也许是从教几十年始终如一的正常体现。但对于我来说，真的从心底佩服老师，打小遇到的年轻老师也少有这么认真负责的。

最最触动我的是暑假作业反馈。本来仅仅是听话地完成了上任老师布置的任务而已，想不到得到于老师您如此"隆重"的表扬，我现在也记得很清楚。《步步高》61 页上面，写着老师的话："翻阅这份作业，仅一个'好'字不能表达我这时的心情，这本作业不仅有超前学习的意识，更有一种执着在其中，整洁中透出严谨，认真中透出一种精神！望保持。"走班已一年，别说得到这样的评语，连老师叫学生回答问题的事情都没落在我头上过。别看每次老师说要点名时同学们都一脸不情愿，但心里都巴不得叫自己，让老师认识一下，至少我是这样。

这是高三 8 班课代表郭亚飞写给我的一封信中的一段话。作为老师批阅作业，是正常工作。出于习惯因素也好，年龄原因也罢，只要做到"认真"二字，学生都会记在心上。况且，在学生的作业本上写批语，也是师生交流的途径之一，有些话语还会在学生的心灵中留下难以磨灭的印记。

让人感动的是，不仅学生为此小事记忆犹新，就是家长也感受颇深。记得晚饭后散步，突然有人在身后问好。介绍后方知是学生李亚婧的妈妈，短暂的交流中,她竟然提到,老师对学生的作业关注有加,不仅按时批阅,还能就作业中的问题及时订正,让学生们受益匪浅。工作流程中的一个环节,不仅影响了学生,还对家长有所"波及",这是我始料未及的,看来平常工作认真做很重要。

现在想想,给学生批改作业,至少有以下几个好处:①通过学生作业反馈课堂教学的得与失;②在不断的订正中调理学生思维;③作业能巩固所学知识;④作业是联系老师和学生的纽带,是师生交流的平台;⑤作业书写的好坏,关乎考试试卷的整洁与否。把每次作业当考试来做,那考试就是一次作业而已,这对习惯的养成至关重要。

5.3 二中老师给学生立规矩吗?

遇见您时,已是高三。那时,我的状态应该是"最好的"。到什么程度呢? 不夸张地说,从图书馆里借来余华的《兄弟》上下两部,摞起来有 10 厘米厚,我生生地在数学课上看完了。

诚实地讲,一成不变的上课模式,枯燥乏味的公式推导,少见乐趣的数学课堂,正在慢慢地消磨着我的兴趣。

"最好的"状态,竟然发生在数学课上,不得不让人反思,数学课怎么了? 数学老师难道不能把传统的数学课堂给颠覆了? 把学生的兴趣提起来,把学生从小说中拉回来?

一进高三换了老师,听说挺厉害,不仅荣誉多,上课还别有风味,于是,有了一份期待。

第一课,您的《崇拜别人不如打磨自己》短文,给我带来新鲜感觉。上小学到现在,数学老师留的印象就是解题,没想到数学老师(我所经历的)还会写散文,从这时起,那种崇拜感已经种下。

愿学生们期待的课堂能有所改观，希望一成不变的上课方式能吹进来一点新鲜空气，使学生麻木的神经再次兴奋起来，老师确实应该反思自己的教学行为。

您要求问问题，无论是问老师还是问同学，不能不经思考就问："这题怎么解"，您说这是剥削别人的劳动。再说，如此问法，您也不会直接给出解答。必须做到问问题前，有对该问题的看法，哪怕是错误的认识也行，然后生生、师生之间在观点碰撞中解决问题。

渐渐地，养成了遇到问题，先思考，不行的话，放一放，再思考，真解不出的话，就会求教于您或与同学商议的习惯。令人难忘的是，您总是会在该问题的基础上发散开来，以点带面，弄一串问题出来。收获自不必说，兴趣却格外高涨起来。

作为老师，之所以提出问问题的要求，就是避免那种不动脑子就问："老师，这题怎么解？"的低层次问题。老师欣赏经过思考加工后，用自己的语言提炼出的新问题，更赞赏问问题的过程中，用自己的观点和老师碰撞。

每天开始更拼命地学数学，甚至颠覆了做题的顺序，一张试卷从最后一道大题开始倒着做。目的很明显，就是想利用充足的时间，加上开始考试时平静的心态去解压轴题，除了想显摆一下自己的实力外，还想让老师记住这位"出类拔萃"的学生。

学生需要老师的肯定，这是必不可少的教学评价。当然，评价的方式多种多样，既可以是书面的，也可以是口头的；既可以是大庭广众之下的，也可以是小范围进行的。一个手势，一句话语，一个眼神，都会给学生带来激励。

愿望是美好的，下场是悲惨的。一模考试从级部名列前茅，一下跌出了200名之外。

班主任，一些任课老师急了，频繁地找我谈话，安慰我，我"虚心"接受下来。但您没有找我聊天，看到如此不堪的成绩，您很平静，我越发心里没底。

于是，主动找到了您，没想到您一语道破天机，指出问题所在："你太想考好了，太想证明自己给老师看了，带着这样的心理负担上考场，败下阵来确在情理之中。"崩溃，彻底的崩溃，没想到老师看人看得这么透。

老师和学生谈话应该切中要害，点到为止，切记没有观点的马拉松式漫谈。

开始调整自己，以利再战。终于在接下来的一次大考中名列级部第九。骄人的成绩，我又飘飘然起来。多好的名次啊，老师您知道后肯定会喜上眉梢，好好表扬我一番。

没想到，您对这次考试"毫无知情"的模样，让我又一次稳住了一颗焦躁的心。仅是试卷分析时一句"了不得啊"的感慨，让我的奋斗有了动力。

高考结束了，成绩是喜人的。令人高兴的是，在普遍认为高考数学试题较难的情况下，我考了 137 分。拿到成绩的那一刻，我终于明白老师的良苦用心。

5.4　老师应做学生的"定海神针"

老师有梦，学生也一样，梦想成真的心情都是一样的。为了实现自己的梦想，并把它传递到学生，高中三年中的最后一节课就显得重要起来。设计什么样的课程，才能把一颗期盼高考到来，期待马上成功的有点骄躁不安的心稳定下来，成了我思考的问题。

于是，一个"稳"字住在心中，要使学生成功，先让自己稳住。有别于他人，最后这节课，不缠绵，不心酸，常规课再来一遍。

转眼就是一年，忙忙碌碌中高三的学习生活就要结束了。对各个学科来讲，今天是高考前的最后一课。

前面上课的几位老师，课堂设计大同小异。不是叮嘱考试注意事项，就是将自己曾经的"心酸高考路"与大家分享，再不然，就是一段师生情谊不舍分离的衷肠述说。接下来的数学课，老师您要讲的内容大家已经开始猜测。

想不到的是，数学课仍像往常一样，提炼思想，归纳方法，定时训练，从您身上丝毫没有看出临近大考的急迫感，按辛宁同学的话说："这就是见过大世面的人！"

言过其实，哪是见过大世面，我分明是想传递一种观点，大赛来临心要稳。没想到，这种观点被传递进了考场，还发挥了它应该发挥的作用，这是我没想到的。

终于，走进了高考考场。说来也怪，这一刻，不仅没有了往日的慌乱，反而感觉心态比以前平和了很多。

考场里有认识的同学，每次试卷发放，总是从夏良昊同学开始，我们都关注着他。数学卷子一到他手上，他开心地笑了，我和他都是您的学生，我想这对我一定是个好事情。

卷子终于发到我这里，利用仅有的几分钟迅速浏览，我也笑了，不知道笑得原因是不是一样的。

考试还算顺利，但不代表成绩有足够的把握，虽然没有胆量去估分，但自觉已没有遗憾。"尽吾志也，而不能至者，可以无悔矣。"

就这样，一段只争朝夕的岁月画上了句号。而另一段须待拼搏的号角等待吹响。

能在最美的年华遇见您，荣幸之至。如果可以，当个老师，像您一样，去影响更多追梦的孩子。

5.5　蜜蜂酿蜜的启示

蜜蜂酿蜜需要远距离飞行,要把采集的花粉酿成蜂蜜是一件非常繁杂、辛劳的差事。"把采来的花朵甜汁吐到一个空的蜂房中,到了晚上,再把甜汁吸到自己的蜜胃里进行调制,然后再吐出来,再吞进去,如此轮番吞吞吐吐,要进行 100～240 次,最后才酿成香甜的蜂蜜。"人们喝到的是蜜蜂周而复始的劳动后的成果。

这就提出一个问题,若仅有蜜蜂忙忙碌碌,甚至不得片刻清闲就能酿出蜜来吗? 答案是否定的。蜜蜂的可贵之处就在于将采集的花粉,经内化变成了人们喜欢的蜂蜜。

学习与蜜蜂酿蜜好似风马牛不相及,但仔细想想还是有相同之处。比如都需要刻苦、坚忍不拔、锲而不舍,需要反反复复,需要在单调的氛围中持之以恒,这真需要本能的精神支撑。

话说回来,若不能将蜜蜂酿蜜的内化环节学到手,不能从中有所感悟有所收获,就算是做到早起晚睡,片刻不停地去学习,也很难取得好的学习成绩。

家长不是经常有这样的疑问吗? 孩子平常的学习还可以,课上能跟上老师的进度,也能听懂老师所讲的知识,课下能读懂书上的内容,也能明白其中的道理。可是孩子反应,做起作业来还是无所适从,既找不到解题思路不知从何处下手,更不知道出现这种局面的根源在哪里。

有经验的老师会一眼看出问题所在。学生上课能跟上老师的进度,听懂老师所讲的内容,并不代表学生学会了。因为你听懂的是老师已有的知识,要把老师所传授的知识变成自己的东西,这就要像蜜蜂酿蜜一样,需要一个内化的过程。若缺少这一环节,说听懂了学会了都是自欺欺人。同样道理,课下从能把书看懂,到把书上的知识彻底掌握,也需要同样的过程。

看懂还需理解,理解还需反复,反复中才能提升。若仅仅是把编者的意图看懂后,就下断言说自己学会了,说明你离学习的高境界还有很长一段路要走。

蜜蜂是在酿蜜,更是在酿造生活。学习是在充实自己,更是在体验充实自己的过程,单从这一点上说,学学蜜蜂又何妨!

5.6　鱼牛故事的启示

孤陋寡闻的一个人,竟然在平度师范集中培训时,对德国一则"鱼牛"的童话故事产生了兴趣,不仅记录了下来,而且还有了自己的思考。

故事的梗概如下:"在一个小池塘里住着鱼和青蛙,他们是一对好朋友。他们听说外面的世界好精彩,都想出去看看。鱼由于自己不能离开水而生活,只好让青蛙一个人走了。这天,青蛙回来了,鱼迫不及待地向他询问外面的情况。青蛙告诉鱼,外面有很多新奇有趣的东西。""比如说牛吧",青蛙说:"这真是一种奇怪的动物,它的身体很大,头上长着两个犄角,以吃青草为生,身上有着黑白相间的斑点,长着四只粗壮的腿,还有大大的乳房。"鱼惊叹道:"哇,好奇怪哟!"同时脑海里即刻勾画出心目中的"牛"的形象:一个大大的鱼身子,头上长着两个犄角,嘴里吃着青草。

若不深入思考,这也仅仅是一个故事而已,时间一久会忘得一干二净。但于从事教学的我来说,却联系到了课堂教学。

大家知道,数学课堂教学的任务之一,就是培养学生们的想象力,教学中的满堂灌，课堂上的一言堂都是不可取的。若不能做到让学生身临其境亲自实践，这种能力的培养往往是要打折扣的。时常有老师会抱怨："这次考试，有课堂上讲过的原题，学生都不会做，真是无语了。"试想一下，老师讲过的题目学生都应该会做吗？答案是不一定。从老师讲过到学生学会需要一个过程，需要学生在动手动脑中，把老师教授的知识内化于心，否则只会是一知半解，考不好做不对也就在情理之中，出现类似"鱼牛"的故事也就不足为奇了。

所以，会教学的老师，善于调动学生的积极性，既让学生参与其中享受快乐，还能做到让学生主动思考经历过程印象深刻，这大概是教学的"奥秘"之一吧。

5.7　"瓦伦达心态"的启示

什么是"瓦伦达心态"呢？它来源于一个真实的故事。瓦伦达是美国著名的高空钢索表演者，在一次重大的表演中，不幸失足身亡。他的妻子在事后说：我知道这一次一定要出事，因为他上场前总是不停地说"这次太重要了，不能失败"，以往他不是这样的。每次表演之前，他只想着"走钢索"，并专心为此做准备，根本不去管其他的事情，更不会为"成功"或"失败"而担心。

后来人们就把专心致志于某一件事情，而不去管这件事情的意义和结果，不患得患失的心态，叫作"瓦伦达心态"。

美国斯坦福大学的一项研究也表明，人大脑里的某一图像会像实际情况那样刺激人的神经系统。比如当一个高尔夫球手击球前一再告诉自己"不要把球打进水里"时，他的大脑里往往就会出现"球掉进水里"的情景。这一情景会指挥他的行动，致使事情不是向他希望的方向发展——这时候，球大都会掉进水里。

现实生活中的"瓦伦达心态"更多，比如刚学会骑自行车，总想在大家面前表现一下自己，以证实自己确实学会了骑自行车，于是，在众人的喝彩声中上路了。这时心里一定会想：我一定要好好骑车，骑出水平、骑出自信，要将自己美好的一面展现在大家面前。行进中突然发现路中央有一根水泥桩子，心里已有几分发怵，不停地告诫自己，一定要避开水泥桩子。结果呢，还是迎面撞上了桩子。之所以出现这种局面，原因就是在不停地告诫自己不要撞上水泥桩子的同时，大脑里已经有撞上水泥桩子的影像，这种影像根植于大脑，使行动向自己不希望出现的方向发展。

文章开头提到的问题，在这里能找到合理的解释。学生平常的成绩可能相当优秀，可在关键考试中，却没有取得期望的成绩，其原因之一，就是"瓦伦达心态"在作怪。学生可能就是觉得这次考试太重要了，不允许有半点失误，抱着"愿上苍保佑我成功"的心态上考场，因此而失败。

怎样才能避免这种现象出现呢？听听下面的故事也许有能有所启发。每年高考都会出现这样的局面：从考场出来，有的学生笑容满面，有的学生愁眉苦脸，更有甚者，失声痛哭。

分析后发现，部分愁眉苦脸的同学都是平常成绩不错的，认为自己经过多年的拼搏，理所当然应该考出好成绩，好像好成绩非自己莫属，好成绩才能对得起自己。带着这样的心态上场，发挥不出自己期望的水准也是很自然的事情。而那些笑容满面的同学，有部分是平时成绩不怎么突出的，带着平和的心态，尽自己最大努力做好每一道题目，只要考场上不留下什么遗憾即可。恰恰就是这样的平常心，才有了人们常说的超水平发挥。由此可见，抱一颗平常心，坦然面对即将发生的事情，该吃的吃，该喝的喝，该睡的睡，很可能奇迹就会发生。

5.8 必不可少的环节

每年都会在全国各地做报告,只要是面对教师群体,时间许可的话,我报告中的一个环节必不可少,就是阅读我国台湾作家张晓风的《我交给你们一个孩子》一文。

多年下来,记不清阅读过多少遍,但还是常读常新,每次阅读都眼含泪水备受感动。毕竟为人父母,做人师长,那种感受还是深有体会的。

在北京给全国骨干教师培训班做讲座,谈到这个环节,会场鸦雀无声,每位老师都被文章所感动,深感肩上的责任重大。大家都在想,家长把孩子交给学校,交给他们信得过的老师,老师该怎样为孩子们的未来谋划,怎样对孩子们的前途施加影响,与会的每一位老师都陷入了沉思。

自由发言环节,有老师结合教师、家长的双重身份,饱含深情眼含热泪地说出:做教师就要做称职的教师,做让学生、家长、社会放心的教师。这就是张晓风《我交给你们一个孩子》一文的魅力所在。

对高中生而言,从 16 岁的花季年龄入校,到 19 岁毕业升入高等学校三年的时光,在人生的长河中虽只是一小段难忘的经历,但却是一个人高中生活的全部。

作为老师就算不能把孩子培养到家长期望的高度,起码应使孩子健康快乐地成长;就算不能把孩子培养得满腹经纶,起码应该使孩子成为对社会有用的人;就算不能把每个学生送入心目中理想的大学,起码应该使他们在高中三年过得充实;就算不能规划他们的未来,起码应该使他们有一种积极的生活态度,从而对未来有着美好的憧憬。

一位家长在阅读完张晓风的《我交给你们一个孩子》后这样写道:

谢谢于老师的推荐,文字云淡风轻中深透着亲情的一片殷殷,再过不久,隔着一条苍茫的前生来世的河,冥冥之中也将送给我一个孩子,我也希望他是个乖巧的男孩，然后，有一天我也把他交给教育、社会，连同他的人生。

张晓风的散文读得不多，读到"母子一场……"时，想起了龙应台的《目送》，读到的是亲情，但作为一名教师，在感动之余，更多思考到的，是我们该为这份感动奉献怎样的担当？

好久没写东西了，于老师，您给了我很多启发……

附：

我交给你们一个孩子

张晓风

小男孩走出大门，返身向四楼阳台上的我招手，说："再见！"那是好多年前的事了，那个早晨是他开始上小学的第二天。

我其实仍然可以像昨天一样，再陪他一次，但我却狠下心来，看他自己单独去了。他有属于他的一生，是我不能相陪的，母子一场，只能看作一把借来的琴弦，能弹多久，便弹多久，但借来的岁月毕竟是有其归还期限的。

他欢然地走出长巷，很听话的既不跑也不跳，一副循规蹈矩的模样。我一个人怔怔地望着巷子下细细的朝阳而落泪。

想大声地告诉全城市，今天早晨，我交给你们一个小男孩，他还不知恐惧为何物，我却是知道的，我开始恐惧自己有没有交错？

我把他交给马路，我要他遵守规矩沿着人行道而行，但是，匆匆的路人啊，你们能够小心一点吗？不要撞倒我的孩子，我把我的至爱交给了纵横的道路，容许我看见他平平安安地回来。

我不曾搬迁户口，我们不要越区就读，我们让孩子读本区内的国民小学而不是某些私立明星小学，我努力去信任自己的教育当局，而且，是以自己的儿女为赌注来信任———但是，学校啊，当我把我的孩子交给你，你保证给他怎样的教育？今天清晨，我交给你一个欢欣诚实又颖悟的小男孩，多年以后，你将还我一个怎样的青年？

他开始识字，开始读书，当然，他也要读报纸、听音乐或看电视、电影。

古往今来的撰述者啊，各种方式的知识传递者啊，我的孩子会因你们得到什么呢？你们将饮之以琼浆，灌之以醴醐，还是哺之以糟粕？他会因而变得正直、忠信，还是学会奸猾、诡诈？当我把我的孩子交出来，当他向这世界求知若渴，世界啊，你给他的会是什么呢？

世界啊，今天早晨，我，一个母亲，向你交出她可爱的小男孩，而你们将还我一个怎样的呢?！

5.9　我的建议

崂山区政协教育卫生组召集人姜主任，接下来要参加市里的人代会，她今年的提案是关于中考招生制度改革方面的建议。姜主任临时给我布置一个任务，用文字写出对现行中考招生制度的意见建议。

可能考虑到我是中学教师，对此应该比较熟悉，姜主任这样信任，我肯定不能推辞。于是，就把社会、家长、老师的想法加以整理，形成下面的文字：

中考，关乎千家万户，关乎学生成长，关乎人才选拔。青岛市自从2019年实行中考制度改革以来，倍受社会各界关注。目前，中考只考语文、数学、英语，其他科目是等级考，从社会各界反响来看，褒贬不一，总体上是批评多于赞扬。主要焦点在以下几个方面。

一是从学校教学的角度来看，现行中考作为指挥棒，严重影响初中学校教学秩序，形成教师间工作量的严重失衡。为提高升学率，三门主科教师课时量猛增，工作量加大，备课充分性大打折扣，教学常规难以保证，其他科目成了"副科"，教师资源得不到充分发挥。

二是从学生全面发展的角度来看，现行中考不利于学生全面发展。初中阶段是学生长身体长知识的关键时期，学生应该德智体美劳全面发展。

因目前中考政策,在校初中学生不得不面对现实,全力拼语数外三科。可比较好的高中,直升却要考物理、化学,对想考知名高中的学生来说负担很重。若像以往中考一样的话,各科都要学习,就避免了这种情况的发生。

三是从为国家培养人才的角度来看,青岛市现行中考政策不利于高中学校教学,不利于学生后续高考志愿的选择,也与现在国家大力推行的"强基计划"战略不符。目前,许多知名大学是要物理、化学、历史等学科的成绩,若从初中开始就不关注这些科目的学习,对孩子升入高中后的基础不利,对参加高考来说也不利,也不利于国家通过"强基计划"选拔优秀人才。

四是从省内外其他地区情况来看,我市中考制度改革对标的江苏省,已经从原来的中考只考语数英三门重新调整到综合考核,加上了物理、化学等科目,这充分说明,中考只考语数英三门课是不科学的,改革不能因改革而改革,而应据实而改;从省内兄弟地市来看,除青岛和济南2020年中考采取考语数英分数+等级外,其他地市都是综合性选拔考核,考试科目主要包括语文、数学、英语、物理和化学等。

为便于初中学校教学,便于人才选拔,便于学生后续发展,经广泛调研,建议中考考试制度进一步深化改革、优化调整。为此提出如下建议。

一是牢固树立各学科同等重要的理念。初中学段的学科作为打基础、利长远的科目,教育部门和学校应该合理安排各学科教学,适当增加语数英的自习课是对的,但不应建立在牺牲其他学科的基础之上。无论学什么学科,对学生来说都同等重要,不能因中考而有所偏颇。

二是着眼学生后续深造和为国家培养人才来强化中考制度的顶层设计。学生的发展需要与后续学习相适应,无论是优质高中直升选拔,还是后续深造(包括高中大学),各学科知识融会贯通之才,是国家发展所需,也是教育所提倡的。而现行的中考政策,可能给学生种下有些学科重要,有些学科不重要的印象,对学生的后续发展,尤其是高考志愿选择都会产生影响。

三是教育主管部门应深入调研,切实认真回应社会关切和市民呼吁。

现行的中考政策,已经是其他地市(或省市)多年前实践过的,人家已经在此基础上再改革,因中考备受关注,青岛市民又有要求,希望能引起重视。

四是从制度设计层面给每个中考学生平等的竞争机会。中考作为选拔性考试,就是把初中优质生源选拔出来,进入高中学校学习。现行中考政策中的等级考试,在中考招生时区分并不明显。目前,现行中考只考语数英三科,对成绩偏向这三科的学生来说是利好,对擅长物理、化学、政治、历史、地理各学科的同学来说,虽有等级考,但在中考中并未有优势,竞争选拔时会比较吃亏。

第六章

青岛二中的面试

面试是青岛二中自主招生中的必做动作，是招生特色，也是一种坚持，还被推而广之，效仿者甚众，研究者更不在少数。有学校、教育培训机构、家长、教师、学生，每年的招生季，大家都在揣摩二中会出什么样的面试题，有什么创新点，这也是新闻媒体的记者们追逐的热点。

近 20 年来，二中的面试题紧跟时代发展，在政治、经济、社会、科技、学科等诸方面均有涉及。命题过程也是一种优化和完善过程，正是这一机制，向社会传递了一种新的评价方式，并被社会认可，这对初中教学及学生视野的扩充是一种引领。当然，学校文化也是在这样的潜移默化中形成。

6.1   二中直升面试题的类型有哪些?

经过十几年的自主招生尝试，二中面试题的命制渐渐形成自己的风格，仔细研读这么多年的面试试题，其类型不外乎以下三种。

一是学科素养方面。2019 年，青岛改革中考招生制度，中考只考语文、数学、英语三门课。根据中考招生实际，二中及时改革面试方式，由原来的以考察理性思维的数学物理试题为主，改为以物理、化学为主的面试方式。参加直升面试的考生拿到试题后，在候考室有 20 分钟的准备时间，然后进入考场参加面试，时间一般为 5 分钟，考生只需利用这仅有的几分钟时间，将在准备室准备的数理试题的解题思路讲解给评委听。因时间关系只需讲解要点，不须面面俱到，其间可以展示草稿纸上的演算过程，也可以利用面试考场提供的小白板进行展示。原则只有一个就是把自己的观点表述清楚，从评委那里拿到分数。

二是人文素养方面，以时政、人生理解、责任感和未来研究几大类为主。试题往往需要考生博学多才，回答问题时不仅要有自己的观点，最好能旁征博引，甚至站到哲学的高度来认识问题都不为过。如文科综合面试就有这样的试题："'与其做绿洲中的一株小草，还不如做荒丘上的一棵橡树。因为小草千篇一律，毫无个性，而橡树高大挺拔，昂首苍穹。'请你对此作出评论"。"'哈佛大学的校训是：与柏拉图为友，与亚里士多德为友，更要与真理为友。'谈谈你对'真理'的理解。"类似的问题没有一定之规，且考生阅读起来并不费劲，但要在理解的基础上，阐述自己的观点确非易事。表面上是用面试形式选拔学生，不经意间考察了考生的语言表达能力，逻辑思维能力和情感态度、价值观。正如二中校长孙先亮所说："这是为了无限趋近教育的真正目标——关注人的发展，引导学生关注自身成长，进而学会自我认知成长中的烦恼，与幸福、智慧相伴一生。"再如：

我国政府规定的法定节假日中，有关中华民族的传统节日除春节外还有哪几个？请你选择其中一个节日，谈谈怎样过节更能体现该节日内涵？

题目看似简单平常，部分同学却束手无策。甚至有同学在回答时，把外国的节日当成我国的法定节假日来回答，既闹了笑话，也说明该同学对中国传统文化了解不够。

出现这种情况的原因不外乎以下几种：一是在考场上紧张，思维出现短路，给问题的回答造成困难。二是除春节外的其他传统节日回答不全，尽管学校会在传统节假日放假，但真要说出该节日的内涵并非易事，需要用心体会。就拿清明节来说，"清明时节雨纷纷，路上行人欲断魂"，作为中学生起码应该知道清明节有扫墓祭祖的习俗。在学校也会接受革命传统教育，到烈士陵园凭吊英烈。在民间有"清明到，农夫跳……清明前后，种瓜点豆"的农事活动。对现代社会而言，清明节是踏青游玩、亲朋团聚、联络感情的好机会，当然其内涵远不止这些。类似这样的面试题，其目的就是引导初中学生热爱中国传统文化，并将其发扬光大。再如：

朝珠成了耳机，顶戴花翎做成了防晒伞，久居深宫的后宫娘娘戴上了VR眼镜，高冷的皇帝成为游戏主角……故宫的文化创意赢得了外界尤其是年轻人的由衷点赞。但是，也有人表示了担心：这样的创新还算是"传统"吗？结合材料，谈谈你对传统文化创新的看法。

你能回答上来吗？

三是创新素养方面，以创新设计为主。问题贴近实际，考查学生了解观察和危机公关能力。例如：

某公司一款新手机共10000部即将在山东地区发售，产品已经下线，突然发现产品存在软件漏洞：自设通话时间为5分钟，超时自动挂断。还有24小时就要正式发布和销售，已来不及对全部产品进行测试并升级软件。在尽可能减少经济损失和保证公司声誉的前提下，作为项目负责人你能向上司提供哪些解决方案？

该题的本意是想考查学生的危机公关能力，有同学观点如下：可升级少量手机推向市场，模仿iphone等手机的运作模式形成"饥饿营销"，等其他手机全部升级完了再推出，不仅没影响公司声誉，反而促进了销售，类似的回答就非常精彩。再如：

现行电脑键盘存在很多不足，厂家拟开发新型键盘，你会为其提供哪些建议？

学校要为学生定做一批新型的课桌椅，向同学征集制作方案。你有哪些设计建议？

看似天天相伴的课桌椅，甚至日日把玩的电脑键盘，真要提出自己的改进意见，确实需要站在创新思维的高度认真审视，否则想拿高分恐怕很难。类似的面试题多有出现，目的很明确，就是将教育与实际结合起来，在培养学生创新思维、逆向思维的同时，让学生适应和学习社会，便于他们更好地走向社会。再如：

2016年9月，苹果公司在大家的质疑声中将充电插孔与耳机插孔合二为一，发布了新一代 iPhone7，通过节约耳机插孔的空间，增加了电池容量、摄像头的稳定装置和立体声扬声器。仿照苹果公司的做法，在原有功能的基础上改进一样产品，说明你改进的想法和预计能达到的效果。

四是综合问题。例如：

德国历史学家维特克曾用四句谚语概括人类历史：

1. 上帝让谁灭亡，总是先让他膨胀；

2. 时间是筛子，最终会淘去一切沉渣；

3. 蜜蜂盗花，结果却使花开茂盛；

4. 暗透了，更能看得见星光。

请选取材料中的两句谚语，联系历史或现实，谈谈你的认识。

回答这样的问题，既要多读书，还要善思考，回答起来必须有自己的观点。再如：

请你用 26 个字母、0~9 数字中的任意元素进行组合，设计一个简洁的图形，在白板上画出并阐述其含义。（不以绘画技巧作为评分标准）

天天用的数字，一刻也离不开的字母，怎么能把这些元素组合，设计出美观简洁的图案，这对每一位考生都是一个考验。

不可否认的，能进入二中直升面试环节的学生，都是各个初中品学兼优、综合素质全面、能力过硬的学生。但二中还想在优中选优，给素质全面、视野开阔、有创新意识的同学提早吃下"定心丸"。

6.2　虎头蛇尾的面试

说出来你可能不信，16 年前，还没有直升一说，作为一种全新的评价方式，面试就纳入了高一学生的评价范围。

　　那时的面试，就是一种探索，一种尝试，一种萌芽。记得高一结束时，学生要参加面试，记录成绩，算学分，为升入高二做准备。后来看，成绩没起什么作用，学分也一样，值得肯定的是开创了面试局面。

　　记得当年的面试，出了3组题目，10～12人一组进场，现场抽取试题，评委由语、数、外三科各一位老师组成，分若干组同时进行，等级划定分为A、B、C，每场面试时间30分钟。

　　有一组题目如下：中国改革开放三十年，政治经济快速发展，关注中国、研究中国的人士越来越多，美国的Delf先生就是其中一位，他对中国古代数学产生浓厚兴趣，在研究过程中由于语言的差异，对于中国《孙子算经》中提出的数学问题"韩信暗点兵"百思不得其解，请你帮助Delf先生将该问题用现代汉语和英语表述出来，并将计算结果告诉Delf先生，以便Delf先生研究的进一步推进。

　　原文如下："今有物不知其数，三三数之剩二，五五数之剩三，七七数之剩二，问物几何？"

　　10人左右一组进场，按要求抽取试题后，各个组的学生反应差别较大，这时就能看出哪些学生能力强，哪些学生能力弱。

　　有组别能做到秩序井然，分工明确，特别是组织协调能力强的同学，会主动站出来，像个首领，给组内成员明确分工，除入场前分好序号，入场后按号就座外，还提出理科成绩好的负责解题，语文好的负责现代文翻译，英语棒的负责英文翻译，就这样，一个临时合作机制形成了。由于秩序井然，分工到人，问题解答起来也顺利了不少，给整个面试胜利奠定了基础。这是评委乐意看到的现象，当然这样的组别得分也较高，作为"首领"的同学，个人得分也应该是最高的。

　　有组别表现的就不尽如人意。进入考场，既没有配合，也没有协作，一个人沉浸在自己的世界里单打独斗，既不知道该扮演的角色，也找不到在临时团队中的位置，无形中增加了解题的难度，给后续问题回答带来困难。

按当时的说法,这种面试要形成惯例,每年都要在高一年级结束后进行。让人没想到的是,雷声大,雨点小,只举行了这一次,热热闹闹尝试了一把,不知是什么原因,再无下文。

6.3　又到保送大学时

这几年,政策收紧,已很少有大学直接保送。可留在记忆中的一年一度的大学保送,还是挺激动人心的。过往中的若干年中,北京大学、清华大学、浙江大学、中国人民大学、中国科技大学、复旦大学等著名高校,都会给二中投放保送名额。

在有保送资格的同学中,哪位同学保送哪所高校,与学校考评机制,学生自身素质、实力、潜能、意向等诸多因素有关。当选定心仪高校的人数较多时,小范围内选拔就必不可少,由于不采用笔试,面试就至关重要。

出什么样的面试题,才能考查学生的素质,体现学生的能力,实现优中选优的目标,这对接受出题任务的老师来说是一个不小的挑战,我有幸参与过命题,也当过评委出现在现场。

按学校领导的要求,题目应体现基础性、开放性、多元化,能体现小问题大视野,将二中学生那种特有的好奇心、求知欲、使命感等诸多潜质考查出来。所设计的问题既要能让学生跳出固有的思维束缚,又要使他们有话可说,有观点可谈,切实从心底诠释出社会的担当、学业的价值、生命的含义。

在保送复旦大学面试现场,当主考官提出"为什么选择复旦大学?"的问题时,应试同学鲍晨侃侃而谈:

我认为适合自己的学校才是最好的学校。

首先我想简单谈谈自己对大学的认识。"大学之道,在明明德,在亲民,在止于至善。"虽然此大学非彼大学,但大学的精神无疑是相通的。复旦大学长期以来,以其追求真理、孜孜不倦的治学精神,爱国奉献、经世致用的教学思想和精益求精、追求卓越的办学理念而闻名于世。我选择复旦,很大程度上受到颜福庆先生的影响。颜老先生从耶鲁大学医学院毕业后,长期在复旦任教,为祖国现代医学的发展做出了里程碑式的贡献。其严谨、求实、注重实验的治学精神至今仍被复旦的学子们传扬。颜老先生创立湘雅医学院和中华医学总会,把毕生的精力投入到治病救人、医学强国的事业中,在抗日战争与朝鲜战争中冒着巨大的危险拯救了无数生命。颜老先生把一生都献给了崇高的医学事业。"文革"期间,他遭受迫害,含冤逝世,但仍立下遗嘱,捐献遗体用于中国的医学研究。颜老先生身体力行,诠释了大学之道的三个方面。他身上体现的复旦精神,深深吸引了我。

以上是我选择复旦大学的主要原因。

面对突然提出的话题,短暂思索后的流畅回答,折射出一位中学生的博学多才。

鲍晨同学接下来的回答更令人称道。主考官提出:"请站在数学、哲学、文化与欣赏的角度,谈谈你对'＝'的认识。"

出题的本意是在"＝"的基础上,重新审视"＝"的意义。试题是开放性的,思路较宽泛。

当时制订的评分要点包括:从数学史来考虑。"＝"是英国数学家、牛津大学教授雷科德首先提出,后来莱布尼茨带头在著作中大量使用,从而使得这一符号广泛地被人们所接受。

作为中学生,当然知道它是诸多数学符号中的一种。其特点是简洁、易记、方便运算,对某种数学概念、方法、逻辑关系的理解提供了帮助,可以说没有了"＝"就没有了数学,其重要性不言而喻。"＝"不仅包含数量相同,也包括形状形式都一样。如 $1=1,5=5,m=m$ 等。"＝"的另一层含义是数量相等,形状与形式不相同。如 $\cos 2x = \cos 2x - \sin 2x = (-\tan 2x)/(1+$

$\tan 2x$）。还包括集合相等中的另一种"＝"。

　　站在欣赏的角度,可以将"＝"延展开去变成平行线,由近及远,从现在瞭望未来。音乐中也常用到"＝"作为节拍的一部分,优美的音乐中就有"＝"的身影。当然也可以用诗歌、对联赞美一下"＝"。

　　从哲学的角度来说,"＝"与不等是辩证统一的。

　　没想到鲍晨同学的回答别有一番韵味:

　　从数学上来讲,"＝"代表相等关系。自然界中寻求不等很容易,而寻求相等则相对困难。数学的魅力在于从不等中寻找相等,把无序的变成有序的,把不对称的变成对称的⋯⋯从而为我们搭建起世界的框架。寻找事物之间的相等关系,构建揭示自然界的和谐之美,这是数学中"＝"以及相等关系的魅力所在。

　　在哲学上,"＝"代表平衡。通过研究生命科学,我们认识到,平衡或者说稳态,对于一个系统来讲是至关重要的。失衡将导致系统崩溃。因此,古人认为:"阴阳二气"矛盾运动所产生的动态平衡是整个世界正常运转(守常)的基础。这在现代看来,不无道理。中国的道家提出人与自然的均衡发展,程朱理学讲求理与气的平衡,陆王心学强调心与理的统一。不同的哲学流派得出了相同的观点——发展朝着平衡的方向进行,平衡又保障了发展的持续性。

　　在文化上,我认为"＝"的含义是和而不同。千篇一律最终的结果只能是万马齐喑。"＝"代表不同文化之间的和谐并存,兼收并蓄。针对这一点毛主席曾经提出"双百方针",最近中共在进行社会主义文化建设中也强调了这一点。在我看来,真正自信、自强、包容的民族一定是既不担心自己的文化被外来文化取代,也不会处心积虑地征服外来文化,而是会欢迎各种文化共同发展,虚心地取长补短,促进文化的交流和创新。

　　在欣赏层面上,我认为欣赏自然的关键在于欣赏自然的和谐之美。在量子力学建立的过程中,薛定谔和海森伯曾分别独立地提出了波动力学和矩阵力学的概念。后来,这被证明在本质上具有同一性,是统一的,量子力学翻开崭新的一页。那一刹那,自然界的统一之美、和谐之美展现在我们眼前,使我们不得不惊异和赞叹。无数的自然现象和自然规律浓缩成几个公式,最后这几个公式之间画上了等号。探索自然既是一个科学过程,也是一个美学过程。爱因斯坦耗尽毕生精力试图证明万有引力作用、电磁作用、强相互作用和弱相互作用之间的统一性(统一场理论),恐怕也是为了更好地欣赏"="之美。

两千多年前,孔子就说过世界要"大同",这其实就是现在人们追求的社会和谐。一个"="引出诸多话题,撞击出值得肯定的观点,这大概就是试题设计者的初衷所在吧。复旦大学保送面试结束了,留给人们的思考还在继续。

6.4 2020 年的直升面试

又到招生季,秉持老传统,二中直升仍然有笔试和面试两部分。因中考政策变化,2020 年的笔试,不再考数学、物理,而是改考物理、化学两科,面试仍然是综合一考人文,综合二考创新。

根据面试要求,考生要在人文 6 道题和创新 6 道题中各抽取两道题,从每一类题中的两道题任选一道回答。面试题目不拘泥于学科,而是关注学生的知识面、观察力、应变力、知识的迁移能力和通过思考后解决问题的能力,这就是二中特色,也是命题者的本意。

两类题目分装在两个圆柱形的笔筒内,摇匀后放在考生面前的课桌上,考生入座后,可抽取试题。不知为什么,有些试题抽取的概率较高,有些试题很难被抽到,虽有老师再三摇晃筒中试题,可结果改观不大。不过这样也好,给面试老师的评判提供比较依据,哪位考生回答完整,哪位考生回答有瑕疵一目了然。

面试现场,考生的回答差别挺大,有同学知识面较宽,拿到题目后侃侃而谈,声音洪亮,观点鲜明。就算有些观点比较勉强,但语言表达流畅,不怯场,尽其所能,在评委老师面前能把想说的话说完。

有些同学就不是这样了,抽到题目,思考时间较长,不仅观点不足,声音也不够洪亮,仅能从字面意义谈自己的观点,不能发散开去,旁征博引。更有甚者,思考时间较长,邻近终了才勉强像挤牙膏一样说出一点。

如回答"黑夜深邃,白昼灿烂。从黑夜到白天有黎明,从白天到黑夜有黄昏,也都是极美的。请谈谈这句话对你的启示。"有同学就字面说字面,不能辩证地看问题,不能从自然规律、美学、哲学、社会等方面阐述观点,这样是不会得到高分数的。

其实,无论面试题以什么样的面目出现,中心就一个,考查学生能力,把综合能力强的孩子选拔出来,及早让这些孩子吃上"定心丸"。

6.5　家长如是说

来听听学生家长们的心声吧:

"二中直升面试终于落下帷幕,作为家长,悬了多日的心也随之放下了。"

"不管最终有没有被录取,对孩子来说都是一次宝贵的历练,经历过比多少说教都更有意义,毕竟,还有更好的未来等着我们去努力,去拼搏!"

"到现在为止,我对孩子的选择始终抱有信心,我知道我的孩子,我相信孩子的能力,这么多年的付出不会白费。"

"感觉二中的面试,不是考学生,而是在考家长。孩子进了考场可能更坦然，但是在校外等待的家长们，三三两两地凑在一起，不停地猜测着二中的面试题，大家的表情都是严肃的、不苟言笑的。按理说，紧张的应该是考生，你说家长怎么比孩子还紧张呢。"

"有家长在一旁劝解，大家都耐心等待，不要想得太多，想三想四有用吗？一切都要看孩子的临场发挥。其实，说这话的家长，他心里怎么想的，我们都明镜似的。不过，能劝别人，心也够大的。"

"从现阶段来说，二中从成绩好的同学里面，通过面试筛选出综合素质高的学生，确实是一个不错的选择。"

"对孩子来说，直升上固然好，直升不上也不要紧，二中很多牛人不也是生考上的。人生，起起伏伏都是常态。"

"我对孩子很无奈，他的成绩很好，在级部前5名，考一个理想的中学不成问题，可孩子非二中不上，下定决心考二中，全力以赴做准备。我们只好尊重孩子的选择，一家人为孩子的升学忙碌着。"

"听说二中直升面试更加注重考生的性格，这是真的吗？我的孩子性格比较内向，不太爱说话。为这次面试也接受过辅导，但不是很理想。真为孩子的临场发挥担心。"

"无论是学生还是家长，抱着一颗平常心对待面试结果的出炉，不是一件易事！"

可怜天下父母心，孩子想直升二中，参加面试是必需的，大家有关注、有担心，这都在情理之中，毕竟局外人是很难体会到的。

6.6　古今两道题，面试起争锋

作为二中常规工作的一部分，2013年的北大、清华校长实名推荐面试就要开始了。

和以往一样,二中校长实名推荐上北大名额 1 人,校长实名推荐清华大学新百年领军计划名额 1 人。按要求级部排名文理科 1‰ 的学生才能参与竞争,并且两高校均提出学校最好推荐理科生。

经高中 3 年文化课成绩排名、综合成绩排名、学生民主测评、教师民主测评和学生自评等多个程序的选拔,8 名理科尖子生获得了面试资格,6 男 2 女,其中 3 人竞争北大推荐人选,5 人竞争清华推荐人选。

面试试题有两个,一是与时事相关的中日钓鱼岛之争,即"中日钓鱼岛之争,已经由口水之战,到了剑拔弩张的局面,你认为解决这一问题的最好方案是什么? 简述你的理由。"另一个是道德修养与传统礼仪问题。"孟子曰:'仁义礼智,非由外铄我也,我固有之也。'可是既然如此,那为什么人的道德修养会有差异?"

两个问题都具开放性,既要考查学生对时事的关注程度,还要让学生思考个人在社会中的自我道德修养问题。同时还考查语言表达、逻辑思维、国际视野、思想境界、价值取向等诸多方面。

见多识广的 8 位考生在同一个平台上,"八仙过海各显本领"。有的同学思维缜密,条理清楚;有的同学见解独到,分析透彻;有的同学语言表达清晰,观点鲜明。仔细梳理,面试环节中的钓鱼岛之争,比较一致的观点是和平解决,不能因为战争给中日两国人民以及全世界人民带来影响。

作为清华新百年领军计划的最终胜出者张解元,在谈到钓鱼岛问题时,给出了三个关键词:"搁置""呼吁国际社会正确导向""与日本约法三章",让现场评委频频点头。作为中学生,能有大视野,这足以让人欣慰。

本次面试,李昂以其优秀的表现获得校长实名推荐上北大的资格。

第七章

我的交流交往

人际间的交流交往很多,有些是因应酬不得不做的例行公事,有些是悄悄话儿悄悄说,有些是推心置腹的深情袒露,有些是大彻大悟后的豁然开朗。所有的交流交往,能记下一笔不曾忘记的应该都是更高层次的交流交往。

7.1　一次照面

人这一生,会和许多人照面,多数来去匆匆,如过眼云烟,不存储,更不会留下痕迹。有些却不同。

又到招生季,中考招生的公益讲座多了起来。领导通知,周六上午,青岛电视台生活频道,要搞一个为二中代言的活动,学校派我参加,这事,让我忐忑了好多天。

其间,虽和领导有过意见交换,建议派年轻教师参加,却没有被应允。只好整理思路,信心满满地走上了从小学二年级到初中三年级学生和家长都有参与的公益讲坛。

既是有备而来,自然不会忘记带上自己的专著《在学生的心灵中旅行(第二辑)》(中国海洋大学出版社 2017 年版),毕竟是"炫耀"的资本,这种场合不常有,怎能失去在大庭广众之下"露一脸"的机会呢,何况有实物是很容易让人"信服"的。

算不上"慷慨",谈不上"激昂"的"演讲",在"愉悦"的心情中结束了。任务完成!

就要离开会场的一刻,一个人出现了。她要索取我带去的仅有的一本书。没理由拒绝,留下电话和签名后,彼此"心满意足"地踏上归程。

"于老师,我是今天讲座向您要书和签名的家长,我姓孔,孩子是二实验初二的学生。"没想到讲座刚结束,家长就发来微信,还表达了孩子要上二中的愿望："一定树立让孩子进二中的理念,坚定了。"我很感动,静下心来想一想,二中的可持续发展不就是靠这些有远见的家长们的支持么。

我赶紧回复:"看来今天的活动有收获。"

"非常有收获,特别是您的发言,让人印象深刻。我觉得以您的水平不仅仅是数学专业,可以涵盖很多学科,文学、哲学、心理学、教育学。回家马上拜读您的大作。"

就是她的最后一句承诺,第二天一早,我发微信给她:"您好,昨天拿到书,不知道浏览没有。想听听您的意见,这本书适合初中学生家长阅读吗?"没想到,回复像瑞雪般下个不停。

"昨天回来后因事务多,先挑着部分段落阅读的。一是二中面试部分,二是灵活教数学部分,三是最后关于对您的访谈部分,写得特别好。"这一大早,看到了家长阅读自己著作后的感悟,特别是"写得特别好"五个字,足够让我兴奋一整天的。难怪熟悉的人,都说我是性情中人,看来此言不虚。

"面试部分,您引用了很多案例,加入分析和思考点评,很有启发,我感觉自己对二中面试的形式内容有了直观的了解,不觉得神秘了,但是又觉得压力很大,对孩子的综合素质要求太高了。"看家长把书读的,是不是有点太深入了,二中的面试,家长已经领会透了,却先于学生有了压力。这大概就是见山是山,见水是水的三重境界的缘故吧。

"看您行云流水的表达,感觉置身面试之中,特别是对校长举荐学生作答的一些例子,感觉二中教育确实符合育人宗旨,反正我是答不出来。"这话说的,既表扬了个体,还肯定了总体。最后一句突然转折"反正我是答不出来"。难道她是学哲学的?想和孩子来个 PK,一块报考二中么?

"此部分唯一不足的是案例年代久远,虽然万变不离其宗,但是还是想看看近几年最新的形势和分析,毕竟很多东西需要与时俱进。"家长的眼睛犀利,提起意见来一针见血,要是这样有想法的"学生"考进二中,类似我等当老师的还有"活路"吗?不过,话说回来,这是我应该改进的地方,虚心接受。

"昨天幸亏自己厚着脸皮向您索要了一本书,哈哈!"她还高兴呢,读书已经"中毒了",该高兴的人是我,她居然还"哈哈"起来了。

"第二部分关于老师的教学理念,说实在的,读了这部分,觉得您就是众多家长梦寐以求的那种老师,就是电视上的老师出现在生活里,将文学、哲学融入教学,最大限度地启发、引导学生。"可能是家长从学校毕业时间长了,接触老师少了的缘故,才有此感慨。

"激发孩子的兴趣和创作欲,这就是韩愈《师说》里的传道授业解惑啊。怪不得老师带的班能保送那么多学生。"

我赶紧回复:"做老师不仅教学生解题,作为使者把文化传承下去,才是老师的职责所在。"

"对,老师说得对,但有您那个水平的人太少了。"其实,就我和家长两人对话,我又是当老师的,说我的"水平高"也正常,毕竟现场没有别的老师和我作比较。

"几番对话下来,您也是有观点的人,能透露一下您的工作性质吗?"我迫切地想知道家长的职业。结果,家长毫不犹豫地告诉了我,真是各行各业都有高手。

"您讲话思路清楚,有条不紊,特别抓人,走的地方多见多识广。幸亏老师昨天去了,底下家长都议论纷纷,对您赞赏有加。"这是实情,我是教数学的,思维清晰是吃饭的本钱。

"而且言辞之中真的能看出老师身为二中人的那种优越感,那种骄傲,那种自豪。我觉得就应该这样,每个人的言谈举止应该代表和体现出背后的单位。"每一个二中人都是如此,大家在二中这棵"大树"下乘凉的同时,都在想应该为这棵"大树"做点什么,我想家长也会为自己的职业骄傲。

一次照面,注定要成为过往,可这次阴差阳错,却有了文字记载。就像家长所说:"很高兴认识于老师您,一是向您学习,二是掺杂私心,在二中也有认识的人了,以后也想为孩子铺路,想得到您的指导和帮助。于老师,我坦荡荡实话实说。"其实,我也坦荡荡实话实说:"希望在不远的将来,您和孩子能如愿以偿,更期待孩子能在二中的舞台上绽放异彩。"

7.2 崂山新入职教师培训的感悟

自己从事教育工作,工作单位属地崂山,自然对崂山教育关注有加,特别是作为连续三届的崂山区政协委员,更让自己对崂山教育的发展倍觉欣慰。20年来,崂山教育有了长足的发展,崂山的学校漂亮了,崂山的师资队伍建设加强了,崂山的教学质量整体提升了,崂山的学位抢手了,把孩子留在崂山受教育成了人们津津乐道的话题。

良好局面的出现,自然离不开教师队伍的建设,而教师队伍建设的关键一环,就是对新入职教师的培训。多年来,作为一线教师的我,有幸参与崂山区新入职教师培训工作,对崂山区新入职教师培训感悟颇多。

崂山区新入职教师培训,既有惯常采用的集中培训,如教育前沿形式展望、教师职业道德规范建设、教育理念的提升、课堂教学规范、现代教育技术应用、学生思想教育策略、班级管理的实施、教育与科研的结合、家校合作探索等内容。也有跟进式教师培训,如"双学双促""崂山教育学堂""名师开放课堂""班会开放课堂""名校长名师沙龙""校园文化参观学习"等内容。

炎热的夏季,类似的培训,常使人感觉疲惫。可崂山新入职教师培训,每天形式多样,学员参与热情高,尤其是每天的学员观点分享,常使人耳目一新,如沐春风,使参与其中的每个人都收获颇多。

学员有了收获,自然就会记录下来,形成观点后整理成文,收集成册。2020年的新入职教师培训感悟:《成就自己照亮别人,我们做有情怀的教育人!》一书即将整理出版。这既是给自己的一个交代,也是日后回忆的素材,更是借鉴与提升的不二选择。

　　崂山新入职教师培训，形成了自己独特的风格，这得益于崂山教师进修学校的王道开校长。王校长是个有心人，从培训开始之初的 Logo 设计，到 Logo 设计中涉及的主要元素，如崂山教育、山海、成就自己、照亮别人、被众人托举起的成就者、挽手被照亮的人、相互照亮等诸多细节，他都仔细揣摩，处处关注。

　　做教师培训的校长很多，可自始至终和学员一起听讲座，做笔记，分享观点的校长不多。这不仅需要觉悟，更需要功夫。正如他在微信中所说："我无意于炫耀自己，因为我已经过了炫耀的年龄。我只是想让所有和我一样愿意为新教师成长出力流汗的老师们知道，今天的付出，很值得！我更想让新入职教师知道，职初三年，类似的培训，于你们的成长很重要，请记住所有陪你们成长的人，也希望你们成为陪别人成长的人！"

　　有新入职教师在和我的交流中谈道："或许是进入未来教师角色，或许是感到肩上的重担，或许仅仅是因为被这种源自母爱呵护和期盼的问题打动，我开始思考学校教育对孩子成长的塑造和加持。是啊，教师，古往今来的撰述者啊，各种方式知识的传递者啊，孩子们会从我们这里得到什么呢？我们能做到饮之以琼浆，灌之以醍醐吗？

　　我确定，因为教师队伍之庞大，个体差异之纷繁，无法给出笼统的答案。但我也确信，因了那世间母亲共有的期盼，因了她们信任地向我们交出自己身边悉心呵护的孩子，教师们定当用心用情，尽己所能，让多年之后的孩子们，能找到属于自己的一片天地翱翔！"

　　崂山新入职教师的本期培训结束了，可教师的从教路才刚刚开始。愿教师们都能张开双臂拥抱崂山教育，努力做最好的自己。

7.3 为科研型的教研员点赞

30多年前教过的学生,有的印象已经模糊,有些学生却能让人记忆深刻,就算过去若干年,也能把其高中时在校的表现记得真真切切,甚至其工作后成绩的点点滴滴也能引起我的关注,孙道斌同学就是其中的一位。

之所以对道斌赞赏有加,不仅在于他高中阶段数学成绩的优秀,更在于他处事时总有自己的观点。他大学毕业后和我从事相同的的专业——高中数学教育,这使师生间有了更多的交流话题。

18年前,我因工作调动,远离了曾经熟悉的环境。学生道斌也从高中数学教师转变角色,成了引领区域教学的初中数学教研员。虽然师生间的联系不像原来那样紧密,却在另外的渠道里彼此关注着对方的发展。尤其是在各类数学杂志上,总能读到道斌发表的文章。

时间长了,做教研员的他有了自己的思考,沉淀提升后,他出版了自己的第一本专著《初中课型教学研究》。他寄给我一本,阅读后让我感触颇多。

第一本著作出版后,他没有停下自己的思考,他的睿智还在笔端流淌。时间过去不久,他又整理出了自己的第二本著作《初中数学教与研的实践探索》。他把样书寄给我,希望我能为该书出版写点什么,我欣然接受。

翻阅了若干遍,也有了想说的话,却不知从何处落笔。道斌做教师尤其是作为教研员,不是在模仿别人,而是在做最好的自己。他已经将一颗教学之心与繁星相聚,并在繁星中闪耀。

他思考传统与现代的融合,提醒初中数学教师,如何开发课程资源,怎么编写课程纲要,导学案的设计与运用中的误区与应对策略是什么,他追溯导学案的起源,并考虑导学案的当下。他能明确提醒初中数学教师,导学案不是对教学内容的再拷贝,而是"教和学的最佳结合点"。

道斌是个有心人。做初中数学教研员的人数不少,进课堂听课的数学老师更多,可要把听课感悟记录下来,将有价值的东西加以梳理整理成文,不仅自己有收获,还能让别人能受益,这不仅需要功夫,也需要觉悟。

书中有些观点来自他听课后的感悟,来自和上课老师面对面观点碰撞后火花的闪现,来自和学生敞开心扉交流后的灵感与启发。日积月累的听课评课,在看似平淡的工作中,不仅让他收获了"沉甸甸的问题",而且悟出了"真正的教研是活在课堂里的"观点。就这样,他以课堂教学研究为切入点,不仅体会到了教研员的魅力所在,还把自己引以为豪的有价值的工作,做得有声有色,这大概就是一个人的价值所在吧。一朝沉醉其中,跋涉二十一重,甘苦虽难如烟,追求仍别于众。

道斌愿意读书,不仅读与数学史志有关的书籍,也读那些教育前沿触及灵魂的文章。在道斌的不少文章中,引用了一些名人的观点,这也一次又一次地印证了他自己认识的正确。他的写作不是就事论事地记述,而是再提炼再升华后的结晶析出,仔细读读书中的文章,确实能让人感受得到。

道斌做事不拖拉,想好的事马上做,并且坚持做,做出精彩,锲而不舍。这见之于师生交流,见之于课堂,见之于笔端,见之于各级各类杂志,见之于他自己的著作。

道斌做的是最基础性的工作,他文章的落笔就是备课、上课、作业批改、课程设置、课程评价、研究性学习、校本教研开展、同课异构活动落实等,看似普通却眼界高远,给人一种踏实的感觉。

道斌将教学研究与实践紧密结合,凭着自己的勤奋与执着,给一线数学教师、教研员、师范院校学生、各级数学教学研究人员提供了初中数学教学研究的各种素材,是不可多得的可读书目。

7.4　为遇见而高兴

高中毕业 40 年的同学,想在老家定陶搞个聚会。40 年前,县教育局(现为定陶区教育局)为响应社会需求,提高高考升学率,从各公社(现为乡镇)中学高一年级抽调一部分学习尖子,同时从各个公社中学抽调一部分优秀教师,集中到定陶师范学校,成立定陶师范高中部,利用高二不足 10 个月的时间,集中授课突击培养冲击高考。我和其他 100 多位同学有幸入选,编为两个班,每班近 60 人。

师范学校原有在校师范生两个年级共 4 个班,因突然增加两个高中班额,后勤承担不小的压力。就住宿一项,一时就难以解决,高中部男生只好几十人集中住宿在大礼堂,因那时年龄小,加上学习紧张,没有说因晚上有同学打呼噜睡不着觉的情况。

记得两个可笑的事情,一是早晨开大会,教务处朱主任说,大家就厕压力太大,在学校东南角,靠近护城河的边上新建了一座厕所,大家可去那儿方便,这一公布引起大家不小的震动,毕竟方便不是小事情,下课后拥挤的状况终于可以缓解了。

第二个可笑的事情是,周校长宣布周末休息,要求每个人都要去澡堂洗澡,回来后用学校食堂提供的开水烫洗衣服,坚决彻底消灭骚扰大家的虱子。现在说来感到可笑,当时卫生条件确实差,每个人身上都养得几只虱子,校长的这一决定大家很赞同,甚至 40 年过去仍记忆犹新。

这样的一群人,因政策红利聚在一起,没有利益纠葛,只有学习上的互相鼓励,很干净很纯粹。所以组委会发出聚会号召,大家都积极响应,凡能联系到的同学都报名参加。我因 29 号去北京参加庆祝中华人民共和国成立 70 周年国庆观礼,10 月 2 号聚会时到不了现场,难得的同学聚会就参加不了。按组委会要求,脱不开身参加的同学,不仅要书面请假,还要用文字

写出祝福语送给大家,我按要求照做。于是才有了下面的文字:

为遇见而高兴

有人说人生是一场盛宴,于我来说,人生是不可求的一次遇见。

40年前,改革开放的前夜,受政策影响,你、我、他(她)享受到了红利,两个班100多人的懵懂少年,汇聚到定陶师范学校,开始了自己不足10个月的追梦之旅。

学校虽处县区驻地,条件却十分简陋,住宿是几十人在一起的大通铺,大家在铺上打闹,在铺上跳跃,一帮不知天高地厚的懵懂少年,就这样大把挥洒着青春时光。睡觉时虽然有些拥挤,但没有抱怨,每晚都是排列有序的酣然入眠。学校最拥挤的地方应该是厕所,按教务处朱主任的说法:"如厕压力很大,学校在东南角小河边新建了一座厕所,欢迎大家前往。"这一下,让大家放松了许多,如厕排队的现象缓解了不少。学校没有宜人的林荫道,却不乏给人遮阳的茂盛梧桐。学校没有高楼,却给了我们登高望远的阶梯,我为遇见母校而高兴。

40年前进入师范,遇见诸位学科老师,不仅传以知识,让我们有了一生的资本,还教我们做人,使传统得以继承与发扬。老师们的敬业、老师们的理性、老师们的情怀、老师们的格局给我们留下深深的印记。就连卢卫老师教我们的古文,如《病梅馆记》《岳阳楼记》等,40年过去还能耳熟能详,甚至在全国各地做报告时,成了自己炫耀的资本。走向工作岗位的我们,一直信奉一个观点,求学期间遇到一位好老师是多么重要,他既能影响你的当时,还给以后的工作生活带来益处。副校长也是我们的班主任杨琴老师是城里人,对我们乡下来的孩子关怀备至,她的家我们可以随时拜访,这份师生情谊如亲戚般一直保持,以致工作后每年过年过节都要去杨琴老师家中看望。改革开放,我们是受益者,一帮有责任的舞者,没有辜负老师,没有辜负师范,更没有辜负自己。离开师范学校的我们,用40年的不懈努力,在各自的舞台上,书写了令人称道的篇章,用优异的成绩汇报给学校,汇报给在座的各位老师。我们为遇见诸位老师而高兴。

40年前进入师范,遇见了同窗。记得78年,班主任老师突然通知,县教育局要组建一个优秀团队,集中授课冲击高考,我作为马集中学的学生会主席有幸入选,于是才有了和各公社中学优秀生的邂逅,有了一生中都忘不掉的同窗。在一起的时间虽然不长,可那时建立的友谊却成了一生都忘不掉的牵挂。曾经的合影虽有些泛黄,却不乏久远的浪漫。那时一起的我们,多数人享受天伦儿孙满堂,个别人还在一线。如今聚在一起,又处在同一水平线,还是当年的张三李四,还会说不谙世事时的八卦旧闻,也会为失意者惋惜,更会伸出双手为成功者点赞。在此刻,40年后的聚首,就算是青春不再,可同学们风采依然,我为遇见同窗而高兴。

人生的精彩就在不可预见的遇见,40年前成为同窗,结下一生割不断的情缘,今日聚会当然是尽情述说,即使泛起点涟漪,袒露点心扉,悄悄话儿悄悄说,又有何不可,既深爱,请彻底!

祝老师和同学们聚会愉快,身体健康、工作顺利、家庭幸福、万事如意!并送上中华人民共和国成立70周年的衷心祝福!

7.5 在大学入校40周年聚会上的发言(有删减)

我为遇见母校而高兴

40年前考入曲阜师范大学(以下简称曲师),遇见了称为母校的曲园。记得有一次在南开大学培训,从北京大学请来的教授谈到大学传统文化,就讲到了曲师,说曲师就是一所传统文化底蕴深厚的大学,并且拿来曲师图书馆来印证。

那个自豪呀！按捺不住的我，没经教授许可，就站了起来。"教授，我就是曲师毕业的"，有包为证。我把随身携带的印有三十年聚会的蓝色手提包高高举起，不为别的，就是想把自豪传递给大家。

不可否认，母校远离都市，地处"西关大队"，学子们却能乐在其中。宜人的林荫道给人以宁静，弯曲的田间路引人去远方。良好的教风和学风，深深地影响着一代又一代学子。阴差阳错，母校成立曲阜师范大学理事会，我竟然位列其中，成为理事，成了50万毕业生的典型代表。记得成立当天，我紧靠着党委戚万学书记就座，虽无受宠之感，却难掩兴奋之情，毕竟母校是培养教师的摇篮，尊师应该从点滴做起。戚书记在致辞中提到，曲师要建设中国教师博物馆，旨在打造民族文化记忆、教育历史遗产、教师精神家园，赓续中华民族尊师重道传统，号召校友为该建设贡献智慧。没想到，时间不长计划变为现实。中国教师博物馆的建设，彰显了曲师的使命意识和担当情怀。

我为遇见诸位先生而高兴

40年前考入曲园，遇见诸位先生，不仅传以知识，让我们有了一生的资本，还教我们做人，使传统得以继承与发扬。先生们的敬业、先生们的理性、先生们的情怀、先生们的格局给我们留下深深的印记，走向工作岗位的我们，连黑板上的板书都学先生们的设计。改革开放，我们是受益者，一帮有责任的舞者，没有辜负先生，没有辜负曲园，更没有辜负自己，用40年的不懈努力，在各自的舞台上，书写了令人称道的篇章。我们为遇见诸位先生而高兴。

我为遇见同窗而高兴

40年前考入曲园，遇见了同窗。当年，全国468万考生，只录取28万人，在录取率仅为6%的残酷形势下，一帮幸运的青年走进了神圣的殿堂，自此开始了孜孜以求的远航。来自平原地区的我，第一次在疾驰的列车上，远远地看见了书本中才能见到的大山，心确实有些潮，却没有澎湃，之所以如此还是体会不深感悟不够。来自省内东部的同学,讲到大海的广阔,给孤陋寡闻的我徒增了许多期盼。懵懂中,就这样享受着快乐时光。4 年间,我们曾经一起联欢,曾经为女排夺冠呐喊,曾经一起在校农场挥镰、捡穗收豆中一起挥汗,曾经一起朝拜过尼山、一起攀登过泰山。那时一起的我们,如今,有人还在教育一线,有些却成了政府官员,有人成了大学教授,有人退休享受天伦。就在此刻,40 年的聚首,就算是青春不再,可同学们风采依然。

我为遇见大哥而高兴

40 年前考入曲园,遇见同宿舍的 8 位弟兄。作为大哥的靳传友,总是这帮小弟兄"欺负"的对象,就算是再没底线的玩笑,大哥也是一笑置之,从不和一帮小弟兄计较。遇有难事,大哥从不吝啬他的热情。谁的头发长了,他给你理发。谁的被子需要缝了,他能穿针引线。谁的心情不好,他就是辅导员,会主动谈心开导。他拉二胡虽不到专业水准,但让一帮弟兄开心已经足够。每年的开学季,大哥带来的烟台苹果总给大家分享,那味道成了一生的记忆。大哥对大家好,大家也对大哥好,每当结伴去澡堂洗澡,给大哥搓背的人争先恐后,唯恐下手晚了找不到"立功"的地方。大哥是个讲究的人,注重仪表是必修课,皮鞋擦得锃亮,头发梳得一丝不苟,抹上头油时哥可是新潮一位。大四,在滕县一中实习,晚上散步,哥说,他谈恋爱了,这消息让我吃惊不小。"哥啊!你这么老实的人,怎么谈起恋爱来了。"哥没管我的反应,自顾自地说,和你唐姐挺合得来嘞。谁?你说谁?唐功平大姐?我的天哪,这么熟的人你也下得去手?哥笑着继续说:"你唐姐可是个好人。"看来他是铁了心不放过唐姐了。于我来说,如小孩子过家家般的事情,大哥已经考虑得很成熟了,我还在发懵,歌声《永远和你在一道》唱道:"亲爱的人儿你可曾知道,有一颗心在为你燃烧",把我拉回了现实,我知道,哥要为亲爱的姐燃烧一把了。我为遇见大哥而高兴。

7.6　欢送每一位莅临的同学

以下寄语是送给每一位莅临聚会同学的：

同学们回家了。

炎热的夏季，没能阻挡住同学相聚的热情，天热，心更热。

就这样曲阜师范大学数学系 79 级 3 班的同学们，冒着酷暑满怀热切相聚在青岛。

大家互致问候，热情高涨。在温馨的会议室，再一次聆听了老师的教诲，同学间彼此互诉着分别后的牵挂以及个人和家庭的幸福生活。气氛是热烈的，语言是朴实的，交流是深刻的，往事是历历在目的，大家的心都是坦诚的。一次又一次酣畅淋漓的举杯，都是同龄人无拘无束的释放。

聚会的时间是短暂的，但它是难忘的；聚会的气氛是单纯的，但它却让人无限感慨；聚会的念头是让人牵挂的，可无论给予多少时间，都很难道尽同学之间的友情。

一次聚会的结束，实质上是下一次聚会的孕育。随着时间的推移，年龄会越来越大，同学之间的感情会越来越深。

短短的两日相聚，难免有照顾不周之处，但求远途而来的同学们海涵。

多数同学都已踏上归途，来时的劳顿还未得到休整，新的疲惫又在征途，想想我们在一起的快乐时分，这又算得了什么呢！

祝同学们幸福安康，愿每一位都归程顺利！

7.7　记者陪同下的政协调研

"于老师好！今年的委员风采电视片，电视台正在按计划进行，目前拟制作新的委员风采片头，请您发几张个人照片给我，数量不限，电视台挑选放入片头中。"这是崂山区政协办公室钱主任发给我的微信。原来区政协每年有一项工作,宣传当年在工作岗位上有突出事迹的政协委员,主要媒体是电视台,2020年我有幸入围。

为做好这项工作,崂山区电视台赵主任亲自到学校采访摄像。考虑到今年的提案是关于科技助力教育,建设崂山教育强区方面,正好需要去科技企业调研,赵主任主动联系罗博数码。就这样为做好调研,我走进了科技企业。公司副总李佳陪同调研,并给予详细介绍。

以下是我参观罗博数码后与其负责人的一段对话:

李总好,我是青岛二中于世章,罗博数码一行收获不小,非常感谢您的接待介绍,政协很快就要开会了,作为重点发言人,今年的提案主题,就是教育与科技的融合,想得到您的指点,请赐教。

客气了于老师,咱们相互交流探讨吧。其实这几天我也一直在思考一个问题,从国家政策上来讲,教育信息化到现在是2.0阶段,教育信息化1.0做的是三通两平台,这个过程我的理解是在做教育的基础设施建设,政府在搭教育的台;教育信息化2.0是三全两高一大,这个过程其实强调的是应用,一个是要有应用,一个是要能应用。我们现在正处于教育信息化2.0时代,也就是处于教育信息化的应用时代,台子搭好了要唱戏的阶段。现在从技术的角度讲,物联网、人工智能已经逐渐成熟,不论是物联网还是人工智能,都是应用。物联网发展的方向是用人工智能技术,发现、优化、完善现代工作生活的流程方式,从而提高人类的生活的便利和工作的效率。再回过头来说我们的教育,物联网人工智能对教育的影响是必然的。

我是搞教育的,不了解科技企业所需,求教于您。请李总站在企业的角度,给出建议。

企业能够生存和发展,除了本身的投入之外,还需要政府的支持和保护,这样吧于老师,我们整理一份书面资料给您吧。

从罗博数码调研回来,和李总反复讨论,讨论提案的切入点,怎么写怎么提,有什么好的想法给政府提出。最终形成了《关于科技助力教育　建设崂山教育强区的提案》。

7.8　政协的信任

作为一名崂山区政协委员,在做好本职工作的同时,对政协工作也是尽职履责、担当作为。最近几年的提案大到城市交通、文化发展,小到物业管理、服务便民,只要做过充分调研,都会积极建言献策,为崂山发展尽己所能。

2019 年的"两会"上,我结合工作实际和多年实践经验,围绕加快教育强区建设提出了七个方面的意见建议,受到了相关部门的高度重视,并被评为"年度优秀提案"。

2020 年政协要推出典型代表宣传,在教育卫生组领导的推荐下,我有幸入列,于是才有了和崂山电视台赵主任的邂逅,才有了记者陪同下的高科技企业的调研,才有了反复修改后形成的新提案《关于科技助力教育　建设崂山教育强区的提案》。

"由区政协、崂山电视台联合拍摄制作的专题节目'委员风采'2020 年继续推出。12 月 22 日(本周二)晚 19 点 35 分,崂山频道播出'崂山新闻';随后在 19 点 47 分左右推出'委员风采'专栏,本期重点报道区政协委员、青岛二中数学学生发展研究室主任——于世章:坚守教育初心　创新成就梦想,欢迎大家准时收看。"这是政协群里发的收看通知,我自然不会错过。

看过后,给政协教育卫生组钱主任发信息:"看过节目了,无论是画面,还是声音都非常清晰,内容编排合理,整个过程流畅,没有矫揉造作,谢谢钱主任推荐。"

"我肯定是极力推荐,最主要的是您自身的实力和魅力所在,我当时看片子时也是热血沸腾，感觉正能量满满，有高大上的东西又特别接地气……领导们都说还是有实实在在的成绩即你们自身做得好，说你和马院长的片子是最好的！之前我和电视台提了六七条建议，审片时我当时说就是看了意犹未尽，没看够，主要是有时间限制。"钱主任回复道。

"不客气，向您学习，前几天审片子，主席们对您很敬佩！""您和马院长的事迹很突出，内容很丰富，很能打动人……"钱主任意犹未尽。这是政协领导客气，一个平凡岗位上的老师，做了平平常常的工作，哪来感人之说，感谢政协信任。

"赵主任拍摄角度掌握得恰到好处，本子写得精彩，可见赵主任专业功底了得，给赵主任点赞。谢谢赵主任。"

"于老师您客气啦，跟您虽然只相处了半天，但是感觉特别亲切，无论是教书还是育人抑或是做事，您都是我们学习的榜样，也感谢您的支持和认可，以后常联系，有麻烦您的地方还望拨冗支持。"这是我和电视台赵主任的一段对话。

电视宣传已告结束，2021年就要来到，该翻篇的就要翻篇，向前看继续踏实前行。

第十二届崂山区委员会第四次会议留念

7.9 疫情下的担当

认识青岛思达医院心脏内科专家马院长是在政协会上,他是多年的市政协委员,可能是任职届满,从市政协改任崂山区十二届政协委员,我和他都在教育卫生组,三届会议下来,也算相识了,近四年时间,虽有过交往,但谈不上深刻。

作为民营医院的心脏内科专家,马院长可谓是行业领军人物,人谦虚不张扬,说话慢慢的,毕竟是多年的市政协委员,发言时往往很有见地。

他作为医务人员,有情怀敢担当。尤其是疫情到来时,作为民营医院的领头人,在大事上不糊涂,第一时间派出医疗队奔赴武汉,开青岛民营医院先河。

其医疗队在武汉表现突出,多次受到表彰,政协委员们也自豪得不得了。记得马院长在政协群里发了个医疗队在武汉工作的视频,我观后写了如下感言:

看了马骏院长发的小片,加上最近一个时期,青岛电视台和有关媒体的报道,对青岛思达心脏医院援鄂的义举,了解越多感慨越多。作为民营医院,按一般人的思维,就是搂钱经营,多多益善。可青岛思达心脏医院,却在政协委员马院长带领下,在国家有难时,第一时间站出来,组织医疗队赴湖北战"役",这是善举、是义举、是担当、是格局、是业界良心。愿大家携起手来,风雨共担,心手相连,共克时艰,取得战"役"的最终胜利。

一次大爱,何止感动在场的人,也感动爱之所及的每一个人。它就像种子,会让爱开花,也会让爱结果。武汉人民是英雄的人民,而能让英雄的人民铭记的就有思达心脏医院的医护们,向英雄致敬!

写完后,征求马院长能不能发到政协群里:"请示,这几句话发到政协群里可以吧?"

马院长回复道:"非常感谢于老师的认可鼓励,老师的评价是对我们最大的鞭策!青山一道,风雨共担,江海深情,心手相连。"这就是我认识的马院长。

🛞 7.10   曲师校庆 65 周年邀请

有快件来,甚是诧异,因事先未沟通,不知是什么物件,索性让门卫代收。几日过去,才想起,忙到门卫处取回。快件来自曲阜师范大学,想必是报纸,因我是大学理事会理事,每月按时收到信件,都是送到办公室。这次有点怪,只送到校门口。拿在手里掂量,原是邀请函。该函考究,每字都是毛笔小楷写就,工工整整洋洋洒洒,函面上写字划出的方格清晰可见,其诚心诚意跃然函上。全文如下:

于世章先生文几

六十五载,圣地设学。斯文在兹,弦歌不辍。东联西联,落其实者思其树。洙水泗水,饮其流者怀其源。切磋琢磨,修修能而致用。孝弟诚敬,明明德于天下。

立校之庆,佳日良辰。君子就道,以友辅仁。春华秋实,杏坛绍休圣绪。海韵儒风,丹心可昭日月。莘莘学子,济济栋梁。载欣载奔,颂其辉煌。

薪尽火传,为国弘文。继往开来,革旧图新。岁在庚子,戊子甲辰。虚左以待,敬请莅临。

专此奉达   并颂时绥

庚子冬月

曲阜师范大学   张洪海印   戚万学印

原来是母校过 65 岁生日,邀我参加。没有推脱的理由,不说别的,但就邀请函的精致与用心,已经让人有参会的欲望了。

再说，受到邀请是母校对自己的信任，参会是自己用行动在支持母校。因疫情，上级有要求，规模不能大，非常时期，能在受邀之列，足见机会宝贵，能不珍惜？

报到的当天下午，大学安排校友参观校史馆，在优秀校友栏，居然有我的照片，这事可非同小可，赶忙劳驾校友拍照留个影。

从事一线教育近40多年的普通老师，居然能成为优秀校友，天方夜谭似的现实摆在面前，不得不感慨，几十年的付出，值！

第二天上午9时30分，隆重的庆祝大会在装饰一新的体育馆举行。张洪海校长回顾了"十三五"以来，曲师所取得的成就，听来让人心潮澎湃，为母校骄傲，为曲园人自豪。"十四五"怎么干，张校长给出了明确的发展方向。

来宾弧形安排就座。第一排是历任和现任的校领导，我的老师周家云就在第一排就座，我特自豪。在第一排就座的还有来自省教育厅、当地政府领导。第二排是优秀校友代表及部分著名教授代表，我在第二排，足见母校对学子们的重视。

尊敬的于世章校友：

您好！在本次大会第二环节"致敬发展功臣"中，请您移步主席台，作为校友代表受颁荣誉纪念，并合影留念，留下您助力母校发展的宝贵瞬间！

感谢您的鼎力支持！

顺祝您身体健康、顺遂如意！

会务组

不单单是来参会那么简单，还要上台接受张洪海校长、戚万学书记颁发的荣誉纪念，并合影留念。

说来惭愧，这一历史性时刻，竟然因为台上台下的沟通不畅而错过，甚是惋惜。

母校教我知识，教我做人，几十年不离不弃，关注如一。今又鞭策，让人心生感慨，无以为报，只能只争朝夕，为教育尽力。

7.11　我被评为优秀政协委员

政协是个大家庭，委员来自各行各业，通过推荐协商产生，都是行业的领军人物。

15年前被推荐为崂山区政协委员，这是无论如何也想不到的事情，因为我不是党员，也没有其他界别委员的优势，作为群众中的一员进入政协，这一干就是三届15年。

15年来，立足本职，建功立业。政协委员是一份荣誉，一份担当，一份责任，说到底也是一份兼职。所以，做好政协工作的前提，是把本职工作干好。这期间，教了若干届毕业班，发表论文40余篇，专著两部。因成绩突出，2019年10月1日，应教育部邀请，在天安门广场观礼台，参加中华人民共和国成立70周年国庆观礼。多年来，先后被评为全国模范教师、山东省特级教师、山东省首批正高级教师、青岛市拔尖人才、市名师主持人、"国培计划"专家库成员。

15年来，建言献策，积极参与政协组织的各项有关活动。无论是政协会议发言，主要领导召开的政治协商会，知情视察后的感悟，还是调研后的报告提交，都是认认真真从不懈怠。尤其是提案的撰写，都是在力所能及的范围内做好调研，有根有据地用心写就。其中2019年调研后撰写的提案《关于建设教育强区的提案》被评为优秀提案。

15年来，积极参加政协组织的各项公益活动，在双岗建功中屡立新功。可能有了一点成绩，经政协常委会推荐，作为崂山电视台"委员风采"中的一员，崂山新闻中做了重点报道。

十二届五次会议召开在即，政协文教卫生组联系人告诉我，做好两个准备：一是今年的提案很有见地，有前瞻性，在区委书记区长参加的政治协商专题会上，你要作重点发言，把想法传递给领导；二是因本职工作出色，政协委员有担当敢作为，被十二届政协委员会评为优秀政协委员，准备领奖。这是绝对没想到的事情，惊喜来得太突然。

下午的颁奖会隆重而热烈，30 位获奖委员，先于其他委员 40 分钟到场排练。领奖委员的穿着，走台的顺序，怎么转向、怎么鞠躬致谢，哪个手拿奖杯，哪个手拿证书，颁奖的各个细节，政协主要领导都一一过问，刚演练成功，其他委员到场。就这一点，足以说明政协主要领导的细心、用心，连时间都控制得恰到好处。

我知道，沉甸甸的奖杯是鞭策、是激励、是责任、是担当。这既是政协委员会对自己多年来政协委员工作的肯定，也是对敢担当勇作为的一种褒扬。我一定会珍惜荣誉，戒骄戒躁，再做新贡献，再创新佳绩。

7.12　协商会感悟

政协会议的一个重要日程安排，就是政治协商。有小组讨论，有主要领导参加的专题协商。因为政协要参政议政，建言献策，对政协主席的工作报告，或是对政府、法院、检察院的工作报告都要提出自己的见解。

这么多年来，我一直在教育卫生组。这个组的人员组成特点是专家学者多，尤其是各大医院的专家，各高校的学者教授博导，他们专业精、站位高、见识多、视野阔，发起言来滔滔不绝很有见地。我作为驻区单位来自基层一线的老师，有时候是不敢张口发言的，必须待考虑成熟后，才敢亮明观点。

这不，下午的小组讨论，主要就政协主席的工作报告发表观点，主持人刚把主持词说完，大家就开始争先恐后的发言。你一言我一语，不知不觉一个下午过去了。我在会后的小结中写道：

　　庚子年末，委员集合，通知早发，提案已作。大家都有事业忙，一声号令下，参会没琢磨。

　　委员如约至，参政议政热，赵主席做报告，李主席做解说，八组委员争发言，感慨特别多。孟部长提建议，于教授细细说，冯源委员谈专业，如勇主任接着说，盛英委员是新兵，航贤委员不等闲，顾媛主任有观点，章妮教授谈方言，栾委员开直播，夏局敢把真话说，单主任上疫线，杨懿委员说民建，永欣主任谈物业，明磊老总挺全面，振光主任述提案，胡部长做宣传，李博导观点高，兆勇常委发纪念，姜主委老委员，总结起来有观点，蔡主任有担当，马院长大家都点赞，八组团队了不得，凝心聚力若干年，谁能与我比攀？

　　小组讨论很热烈，专题协商也是如此。十二届政协会议期间，我和其他17位委员，有幸参与区委书记和区长参加的政治协商专题会。按秘书处要求，每位委员发言时间控制在5分钟。我的发言主题是"科技助力教育　建设教育强区"，严格按照要求，按时完成观点阐述。可有些委员说话不够简练，观点阐述不够明晰，不得不一遍遍解释，占用了后面委员的发言时间，致使做了充分准备的5位委员没能发言，让人遗憾。

　　委员们的热情很高，我当场写下了如下的感悟，并读给在场的每一位委员：

　　七楼协商会，参政议政热，书记区长都在座，委员感慨多。政协团队能人多，齐心协力了不得，凝心聚力干大事，谁能与我比攀？

第八章

我和我的学生们

39年的教育生涯,始终在教学一线,每日和学生相见,迎新生入校,送学子高升,看他们如雄鹰般在蓝天翱翔,也如我的教育理想插上了翅膀,想到此,感觉做老师值!

8.1　写给教学班 307 的几句话

教学班307的同学们,你们好!高考前,课代表闫笑菲让我利用假期,给即将升入高三的你们写几句祝福的话语,我一想,这不是在给我布置假期作业吗?不过,我通过课代表闫笑菲给大家布置了三份试卷,课代表只给我布置了一个任务,按比例我还是有优势的,于是,很爽快地答应下来。

没想到,才过三天,课代表闫笑菲就发来微信检查作业:"老师,请问您写的话语定稿了吗?我们班同学找我要了。"这事整的,有点被动,有点拖沓,有点不好意思,愧疚地回复:"我尽快完成任务。"

话既出口,就应该有所行动。可一下笔,有点踌躇。一怕词不达意,不能真正表达师生间的情感,使师生都难以释怀。二怕观点有误,贻笑大方。可是,答应的事,不能落空呀,于是,硬着头皮写下了如下的话语:

略显庸俗的教学,不乏生命的激昂,耳顺的我,不知是缘分所致,还是天意使然,竟然"阴差阳错"般的和一帮有鸿鹄之志的青年邂逅,你福还是我幸?

为师,和你们在一起,自然是精神焕发,壮志不已,毕竟,要和你们一同走过人生中一段难忘的履历。

为徒,在能选择时怎能放弃权利,在能飞翔时怎能不舍得张开双臂,当能梦的时候,为何不静待梦醒时分,请谨记,紧要处不能犹豫,高三,愿你能做最好的自己。

8.2　魂牵梦绕的 307

许久就有的想法,一直未能兑现,"忙忙碌碌"是最好的托词。今日阅卷完毕,突然间有些空虚,曾经的念头又搅乱我的思绪,促使自己行动起来,把对教学班 307 的心里话写出来。

记得前几天,应课代表之邀,给即将步入高三的教学班 307 的同学们写了几句话。

几句话,把为师、为徒、为师徒应该有的境界和格局畅快淋漓地表达了出来,心里话敞开说,痛快!

有人说:"于老师,您写得真好!"我也是这么认为,我写得不错,可灵感却来源于同学们。

"真的好喜欢您的数学课,您真的是我见过的最好的数学老师。"兰佳祺同学真客气,都是自己人不必如此。这话应该这样说:"真的好喜欢给你们上数学课,你们是我见过的最喜欢学习数学的生化 MT。"这话不是瞎说,本来不该上你们的课,却几次三番地走错教室,有意无意地走入教学班 307 就是最好的证明。你们对数学的执着让我感动,我对你们充满期待。

"每次见到以前的同学,我都狂吹您的数学课呢。"佳祺同学,要知道吹牛是需要素材的,"躺枪"也需要找个皮糙肉厚的,我正好是最佳人选。这几天感觉"风"有点大,是不是跟你"狂吹"有关我不知道,但还是求你降降档,要不然我会飘起来的。

"每次做数学作业,我都仿佛如有神助,一口气写好几章呢!"若果真如此,愿神一直萦绕在你左右,阿门!

"真的好希望高三也有机会上您的数学课呢!"看你这话说的,一点儿都不含蓄,你怎么知道我的想法呢? 我真的希望高三有机会教你们数学课呢!

课代表说:"称呼'您'不仅是对教师的尊重,更是因为我们把您放在心上啦!"这不是我的台词吗?其实,你们早已经住在我的心里啦!

"感谢有您,因为您的幽默风趣,数学再也不是冷冰冰的公式。"真有此感觉,说明你或你们已经上道了,我愿继续幽默风趣下去,让你们在数学学习中得到更多乐趣。

有次和王梓民老师聊起307,我还没怎么表扬大家,她已经兜不住那种自豪的表情,自觉不自觉地笑出声来。她人不高,可因307而发自内心的笑声,是我等"高个子的人"所体会不到的。

一次课间,碰到王合江老师,我对他讲,教学班307的孩子可好了:"懂感恩,讲规矩,爱学习,乖乖的,那个作业做得整洁呀⋯⋯"我的话还在继续的时候,只见王老师腮帮子的肌肉有规律地颤动起来,骄傲的神色表露得一览无余。嘿嘿!这是怎么个景?噢,看出来了,王老师想笑出声来,可当着我的面还想含蓄一点那表情确实已经拿捏不住。接下来,两人的谈话全是他的主场,他一五一十地把工作给我"汇报"了一遍。更过分的是,两人的谈话还在继续的时候,他竟然随着校园喇叭播放的"沂蒙山小调"和出声来:"人人那个都说哎⋯⋯307好⋯⋯307那个团队哎⋯⋯好风光⋯⋯"他自顾自地走进307教室,全然忘记了我的存在。我一个人傻傻地愣在原地手足无措起来。缓过神来的我感叹道:307啊,让多少人魂牵梦绕,厚望涟涟。

⛵ 8.3　节日的祝福

今天一踏进教室,"老师节日快乐"的问候从每个学生心中飘然而来,问候虽短,却甜在心里,让人回味悠长。

"今天是教师节,祝您的花园里鲜花灿烂,果园里硕果累累,愿您堆满灿烂的笑容,使爱您的每一个人都能看到您的笑,教师节快乐!"身在世界各地的学生们纷纷发来问候短信。谢谢我的学生们,衷心祝福你们幸福安康。

学生家长也发来短信慰问祝贺："人生因良师而智慧，因益友而温馨，因事业而从容，因梦想而执着，因成就而自豪，因珍惜而快乐，因您而更多精彩，教师节快乐。"话语不多，却饱含深情，诸多幸福，几多期盼。

"你把窗子打开，我的祝福会随着风飘进来。你把窗帘拉开，我的祝福会随着月光射进来。你把手机打开，我的祝福会随着铃声响起来，祝教师节开心、平安、幸福。"在秋高气爽的日子里收获朋友们的祝福，作为教师，还有比这更令人自豪的吗？

"亲爱的于老师，教育于您而言，是过程，是个不断学习，不断磨砺，雕琢的过程，您痴情于此，一次次给我们展示您细腻而深厚的爱。

成功并非一蹴而就，但我永远记得'蟾宫折桂'的心愿，记得您的全部期许。待我成功，必与您分享，祝开心顺利。"

"生化 MT 学生真挚祝您教师节快乐，永远开心！时光飞逝，不知不觉您已陪伴生化学子半个学期之久，与您共度的每一节数学课都让我们发现更深层的奥秘，我们也为您是我们的数学老师而骄傲！

感恩有您，因为您的深厚知识，数学可以如此不费力地理解，感谢有您，因为您的幽默风趣，数学再也不是冷冰冰的公式。

称呼您，不仅是对老师的尊重，更是因为我们把您放在心上啦！愿老师笑口常开，万事胜意。"

做教师无悔，在二中做教师更令人骄傲，因为二中是成长的沃土，是成就事业的基石，是挥洒人生的舞台，是书写烂漫青春的画板。在这里种下希望，收获的是春华秋实、冬雪夏花。

8.4　意外的收获

既然是意外，自然是没有计划的收获。周一晚上值班，课间，一女生走到我面前。

"于老师,送您本杂志看看。"说着就把杂志递到了我的手上。

"为什么送我?"我忙问道。

"这本杂志《光年》是我们的班刊,这是创刊号也是第一期,希望得到您的指点。"

"客气,我一数学老师,解个数学题还行,让我对杂志提出意见,这不是要命的事情嘛!"

"老师,我们诚心想得到您的指点,哪怕是看法也行,包括内容、栏目设计,都请您提出见解。"再推脱下去已没有意义,答应阅读学习后一定写出文字感悟,学生乘兴而去。

利用值班时间赶紧浏览,从封面到封底,从内容到设计,仔仔细细认认真真地学习了一遍,自然不会忘记学生留下的作业,于是,趁热打铁写下了如下的读后感:

秋日里美丽的校园,落叶如黄蝴蝶般婀娜,轻轻的曼舞中仿佛在告诉人们什么。

就在大家准备过冬的前夜,从树梢枝头绽放出淡淡的新绿,给萧瑟的秋日带来春的气息,她就是六班同学主办的班级杂志《光年》。

集高一六班同学的睿智与心血,在大家的热切期盼中,创刊号终于与读者见面了。她定位准确,贴近现实,板块划分基本合理。

"小班故事"和"特辑"记录的是发生在同学之间的逸闻趣事,师生之间的深情厚谊,班级昂扬向上的精神风貌,令人难忘的精彩时刻等。看似小事情却是大视野,因为记录下来的不仅仅是一个班级的历史,更是我们一生回忆倍觉温馨的精神食粮。

"夏至末至"摘录的是供大家欣赏与学习的名家名篇,才华横溢的同学们的美文佳作。仔细阅读定会给人带来心灵的震撼。

"学习天地"和"悠悠生活"涵盖了同学们想了解的所有方面,作为课外知识的拓展确实是不错的选择。由此可以看出,编辑们用心良苦。

一块处女地,给人带来希望。既然已在枝头开放,定会给人留下无限遐想。

阅读她吧,确能给人以鼓励。呵护她吧,一朵奇葩在百花园中定会争奇斗妍。

愿编辑们都能用心组稿,做到期期精彩,给读者圣洁的心中留下难以忘却的印记。

本是无意,却出现了师生间心与心的交融,就像编辑所说"晚自习时给于老师一本《光年》,不过是个无意之举,没想到却收到了满满的感动"。是啊,学生如此,老师不也被满满地感动了一把吗?

静下心来想一想,师生间确实需要更多这样的无意,往往就是这样的无意,才给人带来了愉悦,带来了希望。但愿更多的感动人的无意能时刻游走于师生之间,也愿这样的无意在无意间感动更多无意涉足其间的人。

8.5　愿听你心中的天籁

生化团队首席导师王合江老师找到我,让我代表生化团队课任老师,在高考百日誓师大会上讲几句话。突然的任务,给我不小的压力,一连几天,为这事战战兢兢,如履薄冰。因为不知道从何处着手,从哪个方向开头,讲些什么话合适,因没有具体要求,让人一头雾水。

经过思考后,确定了几个原则。一是公众场合非常正式,必须写出稿子来。随想随说式的现场发挥,既不是自己的风格,也是对在座师生的不尊重。二是切入点要准确,既然是百日誓师,那就不应该脱离主题,紧抓百日展开来谈。三是相关方包含学生、老师、家长、学校,发言中自然离不开这些元素,必须写进稿子作为重点发言对象。四是既然是誓师大会,就应该以鼓劲为主,既能活跃现场气氛,也应把此活动作为加油站发动机,让在场的每个人鼓足气向前冲。于是,依据我给生化502同学写过的几句话为依托,有了下面的发言主题:

愿听你心中的天籁

各位老师、同学们:

　　下午好!

　　新的学期,就在这乍暖还寒的二月开始了。按节气,马上就到惊蛰,也就是大地回春,天气转暖,即将进入春耕时节。在这样的季节,高三生化的学子们满怀憧憬,热情洋溢地回到了久别的学校,开始了一个让人一生都难以忘怀的春季播种。

　　高三生化团队首席王合江老师找到我,想让我在这种场合,代表老师们讲几句话,倾吐一下心声,我欣然应允,倍感荣幸。所以才有了今天的发言主题:愿听你心中的天籁。

　　略显庸俗的教学,不乏生命的激昂,耳顺的我,不知是缘分所致,还是天意使然,竟然"阴差阳错"般的和一帮有鸿鹄之志地学子邂逅,你福还是我幸?

　　为师,和你们在一起,自然是精神焕发,壮志不已,毕竟,要和你们一同走过人生中一段难忘的履历。

　　为徒,在能选择时怎能放弃权利,在能飞翔时怎能不舍得张开双臂,当能梦的时候,为何不静待梦醒时分,请谨记,紧要处不能犹豫,高三,愿你能做最好的自己。

　　我想,在场的老师们会和我有一样的感想。因为大家都知道"二中"这篇大文章,在几代人的笔下,在青岛市、在山东省、在全国,都已成为力作。应该说二中这篇文章的今日篇没有辜负时代,没有辜负国家。即便如此,我们也没有自满的资格，还需要开拓进取，再创辉煌。靠什么？就靠在座的每一位学子，靠你们的辛苦，靠你们的付出，靠你们的孜孜以求，靠你们为国家建设将来的付出，因为学校的明天会因你们而骄傲。

今天的大会很有意义，它会让在场的每一个人都明白一个道理，高三是人生经历，它却是你生命中的唯一，你没有理由不珍惜。

既然是百日誓师，那就应该在距高考还有百日的时候发下誓言，毅然出征。既如此，就应该百尺竿头更进一步，在百折不移中坚定信心，用百炼成钢的豪气，夺取百折千回的胜利，用百鸟朝凤般的乐曲，去迎接百日后的凯旋。

我站在这里代表老师发言，是有充分底气的。这底气就来自生化团队的你们，因为你们懂感恩，讲规矩，爱学习，乖乖的，那个作业做得整洁呀……这底气来自导师团队，在王合江老师带领下，心往一处想，劲往一处使，千方百计想办法，苦干巧干加油干。这底气来自生化团队的课任老师们，老师们因事业而从容，因梦想而执着，因成就而自豪，因珍惜而快乐，因你们而会有更多精彩。生化团队的学子们是课任老师所爱，相信你们能如雄鹰般在蓝天翱翔，这正如同老师的理想插上了翅膀，青春焕发了活力，事业蒸蒸日上。

学习是一种追求，需要辛苦付出；学习是一门科学，需要不断探索；学习是一门艺术，需要你去创造；学习是一项工程，需要你用心铸就。百日实施的号角已经吹响，希望你昂起头，向前方，不彷徨，再起航，用激情，写篇章。

下面代表老师们，给生化团队的学子们送上最真挚的祝福：

当你能选择时就不要放弃权利
当你想飞翔时就要舍得张开双臂
当你能梦的时候就静待梦醒时分
请谨记 紧要处不能犹豫
愿你我他能做最好的自己

第九章

我去北京观礼了

9.1　细说端由

2019 年 9 月 5 日晚上 8:39 分,北京一个座机电话打给我,核实身份之后,问了几个问题,其中有两个问题很难忘记:一是身体状况如何? 我回答很健康。二是十月一期间时间是否许可? 我回答这期间有一个出国教育考察活动,飞机票已订好。电话里说,先把你备注上。接着他说,教育部拟邀请你和全国其他 74 位模范教师一起,来北京参加中华人民共和国成立 70 周年庆祝活动。听到这话,我并没有激动,因为现实中骗人的电话很多,尤其是当下用座机打来的电话,权当听听而已,作为在教育战线打拼了 30 年的数学老师,理性思维还是有的。

试想,一个普通的一线教师,怎么可能一下子接到教育部的邀请电话,去北京参加如此重大的庆祝活动,这不仅让人一头雾水,而且让人有点不可思议。因为,这不符合常理。

电话还会打来,因为我还没有"上当",接下来应该是谈一些实质性的问题,少安毋躁,耐心等待,凭我的理智应该能化解这次"危机"。就这样,我和自称教育部宋老师的来电者,云里雾里地交谈了 5 分 44 秒。

第二天,在办公室,和同事们津津乐道地谈到这事。我说,昨晚一个"骗子"邀我去北京国庆观礼,幸亏我警惕性高没上当。同事的看法和我不同,大家说:人家骗你什么了? 骗物、骗财还是骗色? 况且人家还给你订车票订宾馆订行程,你见过如此温馨的骗子吗? 对呀,有这么用心的骗子吗?

是不是骗子,查查电话不就知道了。于是,青年教师上网搜索,这一查,固定电话就是教育部教师司的,同事们想法是正确的。就算这样,也没有打消我的疑虑。一连 20 天,再没有有关的消息传来,我更坚定了自己当初的看法。

我依旧有条不紊地准备着出国教育考察的诸多事项,行程机票都已安排妥帖。

　　9 月 25 日下午,我在参加崂山区政协庆祝中华人民共和国成立 70 周年活动时,突然接到青岛市教育局人事处张文学处长转过来的山东省教育厅处室函件:关于组织本省教师参加北京国庆相关活动的通知。通知以红头文件下发:

　　济南市教育局、青岛市教育局、烟台大学有关处室:

　　根据教育部教师工作司通知,经部领导审示同意,并报经批准,特邀请济南市章丘区埠庄学区官营学校孟敏、青岛二中于世章、烟台大学徐惠忠等教师代表出席 10 月 1 日北京国庆相关活动。具体要求如下(略)。

　　到这时,我才确认去北京观礼是真的了。赶紧跟领导汇报,28 日出国教育考察铁定去不了了,去北京观礼当然是第一选择。时间日益临近,国庆观礼的愿望愈发强烈起来。

9.2　感受节日气氛

　　观礼前,29 日全天报到,地点在首都宾馆。晚饭后去北京街头,想先睹天安门的雄姿和广场的风采。邀请在北京工作的两位同学,三人一起往天安门广场走去。半路上,被警察给拦了下来,广场周围已经戒严,步行是到不了天安门广场的,只能远远地望见装扮一新的天安门城楼,在霓虹灯下熠熠生辉。

　　既然步行不能低达,乘车观摩便成了奢求。于是,毅然决然地返回停车地点,快速开车上了长安街。因是交通高峰期,傍晚的长安街暂时没有对车限行。路上,看到比较中意的地方,就把车故意放慢一些,尽量拍些照片,满足一下心愿。整个行程收获不小,好好地过了一把先睹为快的瘾。

中华人民共和国成立 70 周年观礼的途中

中华人民共和国成立 70 周年观礼现场

9.3　各项要求

　　30 日上午,教育部教师司工作人员通知:今天教育部党组成员、副部长孙尧同志 10:00 前来看望慰问大家,请大家 9:50 分准时到达 B 座一层静竹厅。静竹厅位置在 B 座一层电梯附近,出了 B 座一层电梯右转再右转即到,请大家互相转告。大家穿戴一新,男士基本都穿了西服,女士服饰更是鲜艳亮丽,少数民族地区来的老师,穿上了民族服装,大家早早地到了静竹厅,静候部长的到来。

　　部长比约定的时间晚了些,原因是封路,车不能行,只能徒步,这让老师们心生感动。

　　孙副部长结合中华人民共和国成立 70 周年,就现在孩子怎么教,谈了自己的看法。他有句话让我印象深刻:中华人民共和国成立 70 年,改革开放 40 年,中国所取得的成就,有教师的重要付出。因这句话,让我感到一生做教师足矣。

　　教师司王志洁和宋长远两位老师可谓事无巨细,考虑周全。不但解答了老师们的各种问题,还就观礼的诸多细节要求整理成如下文字:

　　1. 身份证建议不要带,以防丢失。

　　2. 房卡建议留在车上座位上,只带两个入场证件、手机和衣物,其余不要带,以提高安检效率。

　　3. 按时到达大巴车,千万不要迟到。

　　4. 互帮互助,行进速度不要太快。

　　5. 服从要求,根据台长和志愿者要求进行互动,该脱帽时要脱帽,严肃时即使镜头扫过来也要保持严肃,台上不要随意走动。

　　6. 到达观礼台手机要调成振动,严禁不分时间不分场合地拍照摄影,也不要一直低头看手机。

7. 保持观礼台卫生，离开时要像到达时一样干净整洁。

8. 好好休息，保持良好状态，注意做好防晒。

两位老师就 10 月 1 日观礼现场什么能带，什么不能带都做了精细安排。

因现场要伴着歌曲合唱，为此要求老师们提前熟悉一下相关歌曲：《我和我的祖国》《歌唱祖国》《我们走在大路上》《保卫黄河》《希望的田野上》《我们都是追梦人》《今天是你的生日》《没有共产党就没有新中国》《中国梦》。观礼教师中有音乐老师，及时把歌曲视频发到群里，让老师们熟悉学唱。大家不仅关心这些，更关心的是入场证件何时能到手。两位老师给了回复：耐心等一等啊，明天早上大家就可以拿到自己的嘉宾证和请柬，车上统一发。

9.4　邂逅香港"光头警长"刘泽基（刘 Sir）

30 日傍晚，趁首都宾馆周边还没有戒严的空档，再次走向北京街头，和烟台大学徐惠忠教授一起，参观了还能让参观的东交民巷建筑。这时，手机有信息发来：如果还有在市区未回到宾馆的老师，请及时赶回宾馆，按照北京市交管局通知，今晚 8：00 开始，宾馆周边道路将进行交通管制。两人二话没说，掉头往宾馆赶。

既然不能外出，那就在院内散步。突然发现大厅内人头攒动，热闹异常，出于好奇一探究竟。原来，大家都在和一个"光头"合影，还有学生让他签字。保安不少，阵仗够大，孤陋寡闻的我上前询问保安，这人是谁？答曰：香港"光头警长刘 Sir"。我竟然能与英雄相遇，与网络名人邂逅，怎能错过合影的机会。

排队耐心等候，终于轮到我。和刘 Sir 简单寒暄紧紧握手，摆好姿势如愿以偿，没有片刻停留发了朋友圈，一是为了炫耀，二是为了点赞数。果然点赞的一片，难怪人们都愿意和名人合影。

9.5　消息灵通的记者

30 日下午开始,有多位记者联系我,想在"十一"庆典结束后,采访观礼感受,他们列出了采访提纲,甚至连采访的时间节点都拿捏得很准,就是阅兵结束之后的第一时间。"谢谢您！给您添麻烦了。"记者没忘了客气。"不用客气,尽管说。"果然,记者就发来了以下采访提纲:

1. 为什么您能够受邀出席北京国庆相关活动？您是山东省内唯一受邀的高中教师代表吗？

2. 您主要参加哪些活动？

3. 您印象最深刻的场景有哪些？重点描述两个场景即可。

4. 您此行的最大感受是什么？

5. 请您提供一张在北京参加相关活动的照片。

临了,记者说道:我们每篇稿子大约 600 字,您看怎么方便。我电话采访您也行,之后再整理。如果时间方便的话,您用文字回答也行。两者各有利弊吧。如果我电话采访,您比较省事,不过口语化的表达可能比较多。您用文字回答,比较占用您的时间但严谨一些。为了不给记者增加负担,我选择了后者。

老家的记者也没有闲着,他们积极联系我,希望能采访到我,并把提纲列了出来:

尊敬的于老师,

您好！

在您百忙之中,打扰您了！我是菏泽《牡丹晚报》的记者,很高兴能采访到您。鉴于您在北京紧张的日程安排,不过多耽误您的时间,现简单采访您几个问题,望您在繁忙之余抽空回答。

1. 请于老师简要介绍一下您的基本情况。您今年贵庚,家是菏泽哪里,曾在菏泽哪所学校任教,担任什么职位、任期多少年? 您是哪一年到青岛任教的?

2. 作为全省教育领域的代表,参加阅兵仪式,您有什么感受?

3. 这是您首次参加国庆相关仪式吗? 之前曾参加过其他全国类的大型庆典吗? 你们三位是怎么挑选、脱颖而出成为代表的?

4. 您是什么时候抵达的北京? 在北京将参加哪几项活动? 活动中有什么安排吗? 抵达北京时看到首都举国同庆的盛大场景,是不是很震撼? 有什么想法和感受?

5. 虽然在青岛任教,您对家乡的教育一定也有所关注吧,您认为菏泽的教育发展如何? 有什么寄语和建议吗?

6. 您在北京参加盛典,想必家人都以此为荣,会守在电视机前盼望看到您的身影。不知道您有没有家人或亲戚在菏泽定居? 能不能明天到您的家人或亲戚家,与他们一起见证您的出席?(于老师,根据您的情况而定? 如有打扰,该项问题取消)

7. 能否传给我几张您在北京参加活动或在北京天安门的有代表性的照片?

以上问题,麻烦于老师抽时间回答,问题有不当或未涉及之处,请指正!

30 日一整晚没有睡好,不是激动,也不是各路记者的问题有多难,而是朋友圈的祝福让人难以一一回复。

9.6 现场感受

10 月 1 日早 5 点,北京,因阅兵,道路封闭,首都宾馆周边静悄悄,道路上没有车辆通行,早起遛弯的人也不见了踪影。5:30,一队又一对整齐的队伍,从宾馆门前经过,目的地就是阅兵现场。宾馆内,一颗颗激动的心,早已按捺不住,劳模们早早地收拾妥当,穿戴齐整,胸带劳模勋章,静待上车号令。在车上,大家拿到了中华人民共和国成立 70 周年观礼嘉宾证件。

一路上大家欢声笑语,相互交流,期待中华人民共和国成立 70 年大阅兵能有大的收获。

大巴停下,大家下车,步行近 1 小时,过四道安检,终于到达指定位置,1 区 3 台 13 排 100 号。位置极佳,既靠近长安街,还能隔金水河近望天安门。大家在座位周边尽情拍照,不想留下任何遗憾。

按要求,8:30 坐好,大家基本做到。天安门广场悠扬的歌曲响起,有点按捺不住的模范教师们,情不自禁地合唱起来,天安门广场就是歌的海洋。大家歌唱祖国,歌唱人民,歌唱新生活,歌唱对美好生活的向往。

10 点的钟声敲响,李克强总理宣布阅兵典礼开始,全场欢呼掌声雷动。国家主席习近平发表重要讲话,讲话篇幅虽然不长,却句句说到人民心坎上。阅兵式徒步方队掷地有声,抬腿、踢步、甩手都能做到齐整统一,让现场每个人都心潮澎湃,热血喷涌。军车武器系列,更是威风凛凛,大地颤抖,惊天地泣鬼神,确能立我国威,扬我志气。飞机方队你方唱罢我登场,科技翱翔蓝天。有大国重器在,谁还敢欺我泱泱中华。

后续的游行,将 70 周年庆祝典礼推向又一个高潮。观众早已不能自已,把现场志愿者的忠告忘得一干二净,大家起立欢呼,大声和唱,使劲地鼓掌,拼命地摇动手中的小红旗,把真情释放,为祖国呐喊。

风风雨雨 70 年历经多少磨难,今天的中国已经站起来了,今天的中国已经富起来了,今天的中国已经强起来了。幸福生活是无数人民英雄用生命和鲜血换来的,是诸多建设者辛苦付出后的结晶,每一个中国人都应该铭记。尤其是当老兵方队到来时,全场起立鼓掌,观众用发自心底的高声呐喊,向英雄们致敬,向为共和国建立付出鲜血的老兵们致敬,从这一点可以看出,中国人有多强的凝聚力,有多强烈的爱国热情。

中华人民共和国成立 70 周年观礼现场

9.7　教育部教师司的两位老师

到这时才知道，先前打电话给我的是教育部教师司的宋长远老师，宋老师人年轻，说话慢慢的，给人一副凡事认真的印象。我当面向宋老师表达了歉意，检讨了当初对那个电话的懈怠。宋老师说出现类似情况的不止你一人，没事。

经过一番交流才知道，年轻漂亮的王志洁老师是二中的毕业生，这更增加了我的自豪感。

庆祝活动临近结束，两位老师给大家发了一个通知："观礼和联欢活动令人激动、震撼、幸福和骄傲，能与各位优秀的老师共庆新中国七十华诞，是我们教师司工作组的荣幸！接到通知时间紧急，人手有限，这之中有很多服务不周的地方还请各位老师包涵！今晚，宾馆为大家准备了晚饭，大家下车后可以去吃点饭补充一下能量。……啰唆完毕,大家今晚好好休息,晚安好梦!祝福伟大祖国繁荣昌盛,祝福各位老师一切顺遂!"

9.8　慷慨激昂的国旗下演讲

2019 年 10 月 1 日,我受邀参加中华人民共和国成立 70 周年庆祝活动,回校后,学校要求我在国旗下做一次演讲,主要内容是观礼的体会,同时结合学校开展的仁义礼智信温良恭俭让教育活动中的"义"字,谈谈个人观点,于是有了下面的国旗下演讲。

尊敬的各位领导、老师、亲爱的同学们,早上好!

在中华人民共和国成立 70 周年普天同庆的吉祥日子,我作为山东省三名教师代表之一,和全国 75 位模范教师一起,应教育部邀请,在天安门前观礼台上参加了国庆观礼。这是我做梦也没敢想的事情,倍感荣幸,真是激动与感动并存,鼓舞与激励同在,此经历会永存记忆毕生难忘。

在观礼台,聆听了习近平总书记的重要讲话,感触颇深。习主席讲话篇幅虽然不长,却句句说到人民心坎上。阅兵式徒步方队掷地有声,抬腿、踢步、甩手都能做到齐整统一,让现场每个人都心潮澎湃,热血喷涌。军车武器系列,更是威风凛凛,大地颤抖,惊天地泣鬼神,确能立我国威,扬我志气。飞机方队你方唱罢我登场,科技翱翔蓝天。有大国重器在,谁还敢欺我泱泱中华。后续的游行,将 70 周年庆祝典礼推向又一个高潮。观众早已不能自己,把现场志愿者的忠告忘得一干二净,大家起立欢呼,大声和唱,使劲地鼓掌,拼命地摇动手中的小红旗,把真情释放,为祖国呐喊。

风风雨雨 70 年历经多少磨难,今天的中国已经站起来了,今天的中国已经富起来了,今天的中国已经强起来了。幸福生活是无数人民英雄用生命和鲜血换来的,是诸多建设者辛苦付出后的结晶,每一个中国人都应该铭记。青岛二中正在进行仁义礼智信温良恭俭让教育,但就一个"义"字来说,就是责任,就是担当,就是不能忘本,就应该担得起那份对自己、对家庭、对社会、对国家应该担负的责任。举例来说,认真学习不负好时光,就是对自己的担当;在家中能替父母分点哪怕一点点家务,就是对家庭的担当;在社会上,能一身正气,从我做起,就是对社会的担当;用自己所学能为祖国建设服务,就是对国家的担当。"义"不是轰轰烈,而是点点滴滴润物无声。

对在教育一线打拼了36年的我来说,不仅经历目睹了教育事业的发展,而且见证了教育翻天覆地的变化。就像教育部孙尧副部长,在接见参加中华人民共和国成立70周年庆典观礼的75名模范教师时所说:"新中国70年、改革开放40年所取得的成就,有教师的重要付出。"有这句话,做一辈子教师足矣。

党的十九大报告指出:"必须把教育事业放在优先位置,加快教育现代化,办好人民满意的教育。"这既是对教育的高度重视,也吹响了办好人民满意教育的号角。作为教师中的一员,深知担当与使命,我一定借参加中华人民共和国成立70周年庆典观礼的大好契机,把在北京的所见所闻带回学校,和老师、同学们一起分享观礼的喜悦。

能有北京观礼的机会,应该感谢青岛二中,感谢这个大家庭中的每一位成员。试想,若不是校长的运筹帷幄,不是老师们的倾心付出,不是同学们的出类拔萃,就不会有二中现在的辉煌,当然也谈不上我现在的一切。我的每一点进步,都是青岛二中这个平台给我搭建的,是老师们给我添一砖加一瓦的结果,是师生相长的促使。老师们的关注,同学们的爱戴,使我有浑身使不完的劲!

去北京观礼既是荣誉,也是待遇,很光荣,可以说这种崇高的礼遇千载难逢。随着观礼仪式的结束,激动的心也慢慢地平复下来,我不会忘记自己的岗位,不会忘记接下来该干什么,既不会飘也不会飞,我就是我,我仍然会像以前一样,备课、上课、批作业、上选修、辅导学生,继续保持不骄不躁的作风,不忘初心,牢记使命,珍惜荣誉,砥砺前行。谢谢老师、同学们。

2019 年 10 月 14 日